KB080675

우리는 지구를 떠나지 않는다

죽어가는 행성에서 에코페미니스트로 살기

우리는 지구를

에코페미니즘 연구센터
달과나무 지음

죽어가는

행성에서

떠나지 않는다

에코페미니스트로
살기

창비
Changbi Publishers

에코페미니스트의 다짐

하나. 우리는 다정함과 우정을 북돋운다.

하나. 우리는 여성과 자연을 착취하는 문명에 저항한다.

하나. 우리는 여성의 노동이 존중받는 사회를 만든다.

하나. 우리는 여성의 몸을 이해하는 새로운 과학을 요구한다.

하나. 우리는 흙의 소중함을 기억한다.

하나. 우리는 먹거리를 자급하기 위해서 노력한다.

하나. 우리는 덜 만들고 덜 쓰며 덜 버린다.

하나. 우리는 비인간 존재가 함께 살아가는 도시를 만든다.

하나. 우리는 모든 소수자 및 비인간 존재와 연결되어 있음을 기억한다.

그리고 하나. 우리는 지구를 떠나지 않는다.

여는 글

   지구가 망가지면 우리는 어디로 떠나야 할까? 우주를 정복하면 되는 것일까? 화성 여행 하루에는 5억 원이 든다. 결국 대부분의 사람들은 지구를 떠나지 못한다. 그렇다면 죽어가는 지구를 다시 살 만한 장소로 만들기 위해서는 어떠한 전환이 필요할까?

   이 책에는 에코페미니즘이 오랜 시간 투쟁해온 다양한 의제가 담겼다. 파괴적 발전주의와 생산성에 대한 비판부터 몸의 다양성 인정, 인간과 비인간의 관계성, 생태학살에 대항하는 실천, 환경과 젠더의 얽힘, 생물종과 인종의 교차성, 새로운 문명과 문화로의 전환을 다루고 있다. 에코페미니즘은 인간이 누려온 당연한 것들에 질문을 던진다. 자본주의와 성장주의, 인간중심주의를 넘어 모든 생명의 공존을 위한 생태적 전환을 추구한다. 젠더정의와 기후정의는 교차한다. 이제는 이 교차성을 토대로 내가 살고 있는, 두 발을 딛고 있는 '지금, 여기'를 살 만한 공간으로 만들어가는 운동이 필요하다.

이 책의 각 꼭지는 여성환경연대 부설 에코페미니즘 연구센터 달과나무에 모여 활동하는 연구자, 활동가, 예술가, 농민 들이 저마다의 관심사를 중심으로 기후위기시대에 숙고할 의제를 진지하게 풀어낸 것이다. 지은이들은 지구를 떠나지 않겠다는 단호함과 서로 돌보는 관계를 맺고자 하는 다정함을 가지려 했다. 전문가주의적으로 가르치려는 건조한 설명이나 외부자적 시선에 머물지 않고, 각자의 삶에서 우러난 고민을 함께 녹였다. 그렇기에 이 책은 에코페미니스트들이 스스로의 이야기를 가지고 독자들에게 건네는 '말 걸기'이기도 하다.

2019년 여성환경연대 공부모임에서 출발한 달과나무는 한국사회에 여전히 낯선 에코페미니즘 지식과 담론을 생산하고 확장하기 위해 교육과 연구, 번역과 출판, 토론과 실천을 이어가는 공동체로서 운동과 이론을 연결하고 있다. 일년이 넘는 시간 동안 책이 나올 수 있도록 함께 쓰고, 읽고, 토론해준 모든 지은이들에게 감사의 마음을 전한다. 창비와 이수빈 편집자께도 고마움을 전한다.

생각과 말은 행동의 씨앗이 된다. 이 책을 읽는 독자들이 지식을 얻고 언어를 만드는 데 그치지 않고 '행동하는 에코페미니스트 기후시민'이 될 수 있기를, 지구를 다정하게 돌보고 곁에 있는 이들의 우정을 북돋우며 인간 너머 존재들에게도 응답하는 이웃이 될 수 있기를 바란다.

에코페미니즘 연구센터 달과나무 지은이 15인 일동

우리는 지구를 떠나지 않는다

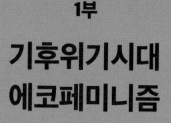

1부
기후위기시대
에코페미니즘

우리는 우주로 떠나지 않는다

김 현 미

스티븐 호킹의 '경고'

물리학자 스티븐 호킹^{Stephen Hawking}은 죽기 전 경고했다. 현재의 지구환경과 위험을 고려할 때 인류가 종으로서 생존할 희망을 품으려면, 지구를 탈출해 다른 행성을 식민지화해야 한다고. 호킹의 경고를 실천하듯, 최근 다국적 기업과 경제선진국들이 우주여행과 우주자원 확보를 위한 경쟁에 뛰어들고 있다. 억만장자들은 일론 머스크^{Elon Musk}의 우주탐사기업 스페이스X의 우주선에 몰려들고 있다. 한국을 포함한 경제선진국은 우주자원 '전쟁' 시대를 선언했고, 우주선 발사를 남발하며 우주 정복이 기후위기시대 거대 자본가의 대안 혹은 국력의 상징이라고 선전하고 있다. 그러나 우주선 발사로 인한 대기오염이나 충돌재해에 대한 대책은 없다. 우리가 다른 행성을 정복해서 생존할 수 있을까? 기후위기로 '불타는' 지구에서 누군가는 도피를 꿈꾸고, 누군가는 '바로, 여기'에서 지구 돌봄을 선택한다. 나는 도피할 수 있는 존재인가 스스로에게 물을 때, 99퍼센트의 인간은 지구에 남는 것을 선택하거나 남을 수밖에 없다고 느낄 것이다. 그렇다면 그 99퍼센트의 인간은 지구를 다시 살 만한 장소로 만들기 위해 어떤 전환적 사유를 할 수 있을까?

　우리는 일상에서 기후변화를 점점 더 자주 목격하고 있지만, 기후위기는 늘 그런 체험보다는 수치와 목표로 제시된다. 가령 2030년까지 온실가스 배출량을 감축하겠다는 목표 선언이나, 지구 평균기온 상승을 산업화 이전 대비 1.5도씨 이내로 제한해 2050년 까지 탄소 순배출량을 '0'으로 만들자는 '탄소중립'에 대한 이야기는 무성하다. 하지만 지구 생명을 지속하기 위한 이산화탄소 농도 안전 상한선인 350피피엠ppm은 이미 넘긴 지 오래다. 18세기 산업자본주의 사회의 도래와 제2차 세계대전 이후 온실가스 축적의 '거대한 가속화'가 일어나고, 1980년대부터는 세계화자본주의의 급물살을 타고 지구 기온이 심각한 수준으로 상승하면서 우리는 위기 상황에 부딪혔다.[1] 2021년 한국 국회는 기후위기 대응을 위한 **탄소중립·녹색성장 기본법**을 제정하며 2030년까지 온실가스 배출량을 40퍼센트 이상 감축하겠다고 약속했다. 국제사회, 개별 국가, 시민사회, 전문가 모두 탄소중립을 외치지만, 누가, 어떻게, 어떤 방식으로 이 목표를 달성할 수 있을 것인지 그 구체적인 과정에 대한 청사진은 존재하지 않는다. 화석연료 연소로 인해 늘어난 온실가스 배출량과 높아진 기온을 의미하는 지구온난화global warming라는 용어는, 2023년에 이르러 종식을 선고받았다. 2023년 7월 27일 유엔

사무총장은 지구가열화·global heating 시대가 찾아왔다고 선언했다. 지구는 말 그대로, 불타고 있다.

기후위기는 "북극의 대기권을 포함해 지구 안의 그 어떤 지역도 인간의 오염이라는 손길에서 자유롭지 않은"[2] 상태를 의미한다. 인간을 포함하여 상호연결된 생명체들뿐만 아니라, 공기·물·땅 등 삶의 터전이 지속가능성을 위협받고 있다는 의미다. 따라서 소수 엘리트 주도하의 발전주의 패러다임, 과학기술의 발달과 전문가의 해법만으로는 이 문제가 해결될 수 없다. 과학기술에 대한 믿음이 강화될수록 우리는 위기에 둔감해지거나, 멸종과 죽음이라는 생태위기를 눈앞에 두고도 기술환상주의techno-fantasy에 의지하며 방관자가 된다.[3]

기후위기시대 인식과 행위의 주체로서의 '나'는 존재하는가? 기후재난과 되돌릴 수 없는 생태적 상실을 목격하는 우리는 어떻게 지구를 살 만한 장소로 되돌릴 수 있을까? 에코페미니스트 세라 맥팔런드 테일러Sarah McFarland Taylor는 '집에 머무르자'고 외치며, '바로, 여기에서의 정치'가 필요하다고 주장한다.[4] 집에 머무른다는 것은 곧 머무름, 멈춤, 체류함, 애착을 의미한다. 에코페미니즘의 '바로, 여기에서의 정치'는 지구를 다시 살 만한, 그리고 살 수 있는 시공간으로 만들기 위해 도피 욕구와 기술환상주의에서 벗어나 즉각적인 행동주의를 채택할 것을 촉구한다. 자기 집이 불타고 있는데 아무 일도 하지 않는 사람은 없을 것이다. '바로, 여기에서의 정치'는 자기돌봄과 지구 돌봄이 하나라는 점을 강조하며, 지구를 다시 살 만한 장소로 만드는 재거주화re-inhabitation 인식론이다. 우리는 어떻게 기후위기 불감증에서 벗어나 재거주화의 감정 상태로 이동해야 할까?

기후위기 불감증

　2013년 서울에 아파트를 장만했을 때의 감격과 기쁨을 기억한다. 정규직이 된 후 연고 없는 경기도 지역에 삶의 터전을 마련했다. 그곳에서 십삼년을 살다가 하루 두세시간의 출퇴근 운전과 교통대란이 너무 지겨워, 거액 채무자의 족쇄를 차기로 했다. 앞이 탁 트인 고층 아파트에 입성한 후, 서울에 사는 게 이런 느낌이구나 하는 감동의 몇달을 보냈다. 그후 나는 재앙의 목격자가 되었다. 온 하늘을 뒤덮은 미세먼지는 너무 자주, 너무 깊이 일상을 잠식했다. 맞은편 고층 빌딩이 짙은 먼지 속에 형체만 드러낸 날조차 미세먼지 지수는 '보통'이었다. 몸과 마음의 준비를 단단히 하며 집을 나서는 일이 잦아졌다. 지상에서는 미세먼지가 느껴지지 않고, 놀이터에는 종일 미세먼지를 맞으며 노는 아이들이 있다. 그러나 미세먼지는 '미세함'과 '먼지'라는 만만하게 보이는 단어의 외피를 두른 독성물질이다. 기후위기의 근본 원인이기도 한 화석연료 사용과 이산화탄소 배출량이 증가하면서 독성물질이 하늘을 뒤덮고 땅과 물을 오염시키니 취약한 인간은 아플 수밖에 없다.
　미세먼지의 심각성에 대한 시민사회의 우려에도 불구하고, 한국 정부와 기업은 중국 원인론을 주장하면서 어떤 진지한 대응도 하지 않는다. 책임을 외부와 소수자에게 돌리는 행태는 혐오만 양산한다. 세계 10위 경제대국의 반열에 오른 한국에서 세계 모든 나라가 고심하고 있는 생태주의적 전환의 실질적 움직임이 보이지 않는다. 탄소 배출의 주범인 석탄발전소의 가동을 중지하기는커녕, 탈석탄법도 제정하지 않고, 등록된 자동차가 2,500만대나 있는 나라 한국이, 결코 '청정국'일 리가 없다. 개발보다는 환경보전을 희망하는 시민들이 '뭔가를 할 때야. 우리는 다 죽어가고 있다고!'라고 아무리 외쳐도 소용이 없다. 우리는 위기를 외치지만 위기를 해결할 수 있는 공동의 해결 능력을 잃은 채 기후위기 불감증에서 한발짝도 헤어나지 못하고 있다.

내가 사는 집 안을 둘러본다. 미세먼지의 공격적 침투에 맞서 싸우면서 사들인 제품으로 넘쳐난다. 채소나 생선을 바깥에 말릴 수 없어 사들인 식품건조기부터 의류건조기, 공기청정기에 스타일러, 오염물질을 잘 흡수한다는 식물과 숯까지. 목이 쉬고 피부 알레르기가 심해져 사들인 도라지청 같은 각종 식품이며 약품도 너무 많다. 기후위기에 대응하는 공공정책과 실천이 부재한 상황에서 개인 시민은 손쉬운 자구책으로 신자유주의적이고 개인화된 소비 해법을 선택한다. 전기 수요를 폭발적으로 증가시키는 선택을 한 나또한 현 기후위기의 적극적인 가담자일 수 있다.

가뭄·폭우·더위·추위·먼지 등을 외부에서 침투해오는 위험인자로 인식하고 이에 대한 방어와 빠른 해법으로 맹목적이고 확신에 찬 소비자가 되는 것, 그 선택 외에 정말 우리가 할 수 있는 일이 없는 것일까? 기후변화는 빈곤층과 여성에게 더욱 부정적인 영향을 주지만, 에코페미니스트 스테이시 앨러이모Stacy Alaimo의 표현대로 생태위협은 기존의 계급이나 사유재산 등의 분할에 들어맞지 않는 사회지형도를 만들어낼 정도로 인류 모두의 실질적 위협이 되고 있다.[5] 기후위기를 촉진하고, 이를 상품화해 거대 이윤을 획득하는 한국 대기업에는 자성이 없다. 그렇다고 매일 국가와 기업 탓만 하고 무기력한 시민으로 살아갈 수는 없다.

방관자가 되지 않기 위해서는 기후감정을 가져야 한다. 인간이 처한 생태학적 비상사태는 수치심, 죄책감, 분노, 두려움, 희망, 슬픔, 연민, 우울 등 다양한 감정을 유발하고 이 감정들이 기후감정을 구성한다.[6] 기후감정이 늘 유사한 집단적 행동과 실천으로 진화하는 것은 아니다. 우리는 기후위기가 너무 압도적으로 큰 재앙이라 어떤 감정을 느끼고 어떤 실천을 해야 할지가 막막하다고 말한다. 인간은 두려움 때문에 기후위기와 생태위기를 존재하지 않는 것처럼 취급하고, 은폐하면서 때로는 기후위기 부정론에 참여하기까지 한다. 어떤 사람들은 기후위기가 너무 거대하고 구조적인 문제라 개인이 할 수 있는 일이 없다는 무력감을 느끼거나 기후위기가 과장된 것이고, 과학기술이 더 진화하면 쉽게 통제하거나 해결할 수 있다며 기후위기 담론과 운동가들에 대해 냉소적인 태도를 보인다. 국제사회나 정부, 전문가의 기술환상주의는 여전히 소수 엘리트와 거대 기업이 해법을 제공할 수 있을 것이라고 하며 우리를 안심시킨다. 안심하지 않고 행동하기 위해서는 기후위기에 대한 지식과 함께 '감정'의 이동을 경험해야 한다. 감정은 관심과 성찰을 구성해가는 인간 능력의 일부이며 의식적인 자기주제화의 성찰과정을 만들어낸다. 우리는 감정적 연대를 만들어 정치적 가능성의 영역을 열어나갈 수 있다.

기후감정과 애도

에코페미니스트를 포함한 많은 이들은 기후위기가 인간의 정신에 미치는 영향이 심각한 수준에 이르고 있다고 말한다. 빙하가 녹아내리고, 동식물이 멸종하고, 산불·홍수·열파·지진 등 재앙이 일어나는 것을 목격하는 인류는 트라우마, 정신질환, 불안과 걱정에 시달린다. 인간은 사라져가는 것을 본다. 미세먼지로 뒤덮인 하늘에서 우리는 이미 뭉게, 새털, 양떼, 비늘 등 구름의 이름을 알지 못한다. 인류의 다양한 생활방식과 생계 형태는 약탈적 자본주의의 파괴와 변형으로 단일화·균질화되거나 사라져갔다. 땅, 물, 공기와 다양한 생명체 종들의 사라짐에 대해, 앞으로 사라질 것에 대해 깊은 슬픔을 느끼고 있다. 애슐리 컨솔로Ashlee Cunsolo와 캐런 랜드먼Karen Landman은 이런 슬픔을 **생태적 슬픔**이라고 명명한다.[7]

미세먼지가 없는 맑은 날 선명한 흰 구름과 파란 하늘을 보며 우리는 탄성하고, 환호하고, 사진을 찍어 기쁜 날을 기억하고자 한다. 반짝 스쳐간 과거를, 좋았던 날을, 혹은 아직 도래하지 않은 미래를 상상하며, 생태적 슬픔과 기후위기 너머의 희망을 예시한다. 지구촌 곳곳에서 일어나는 산불과 홍수, 코로나19라는 팬데믹 재앙을 경험한 우리는 죽은 자와 동식물을 기억하고, 애도하고, 트라우마를 겪으면서 이제까지 과학이나 합리성, 물질주의와 편의주의의 이름으로 감춰왔던 깊은 슬픔을 표현해야 한다. 이런 정동을 통해서만 인류는 인간과 비인간 사이 복잡한 관계의 실타래를 헤아리고, 상실한 것과 상실될 것에 대해 슬퍼하면서 위기 이후의 희망을 기획해나갈 힘을 얻게 된다. 생태적 슬픔은 우리가 동의해왔던 개발과 착취의 발전주의에 대한 깊은 반성과 성찰을 요구한다. 하지만 생태적 슬픔은 동시에 도래할 미래에 대한 열망을 포함하는 개념이기도 하다. 생태적 슬픔은 피해자의 정서가 아니라 변혁자의 분노다. 나는 도시의 에코페미니스트로서 슬퍼하고 분노하는 것을 애써 감추지 않는 법을 배워나가야 한다고 믿고 있다.

지구를 다시 살 만한 공간으로 만들어가기 위한 에코페미니스트로서의 또다른 감정은 애도다. 컨솔로와 랜드먼은 생태적 슬픔은 상실한 것에 대한 애도를 통해 정동화된 연대감을 구성하는 데 기여한다고 말한다. 우리는 느끼고, 행동하고, 연대하기 위해서 특히 공동의 의례 과정에 참여해야 한다. 사라짐과 죽음에 대한 직시가 고통스럽더라도 애도를 통해서 우리라는 공동체를 만들어갈 수 있기 때문이다. 현재 지구는 엄청난 위기에 직면해 있고 이에 대한 정치적 응답은 애도를 통해 이뤄질 수 있다. 애도는 인간의 감정과 신체가 어떻게 정치적이며 윤리적 자원이 될 수 있는지를 숙고하게 한다. 이런 의미에서 컨솔로와 랜드먼은 생태에 기반을 둔 슬픔을 어떻게 생산적이고 유의미한 방식으로 끌어낼 수 있을지 고민해야 하며, 멸종, 생물다양성 상실, 자연재해, 강제이주에서 비롯되는 애도와 슬픔을 적극적으로 표현해야 한다고 주장한다.[8]

애도는 또한 인간중심적 사고에서 포스트-휴머니즘적 생태윤리 및 생태정치로의 이동을 촉진한다. 애도를 인간중심적 의례행위로 낭만화하는 수준을 넘어서야 한다는 의미다. 자연의 사라짐과 상실을 애도하는 능력은 단순한 감정적 반응이 아니며, 인간의 도덕성에서 나온 것이다. 컨솔로와 랜드먼은 자연의 사라짐을 애도하는 능력을 일종의 친족 의무로 바라본다. 여기서 친족은 인간중심의 혈연관계를 벗어난 개념이다. 서로의 삶과 죽음을 애도하고 축복해주는 관계라는 의미의 친족에서는 동물, 식물, 물, 공기 등이 다 친족이 된다. 친족으로서의 자연에 대한 애도행위는 관계의 의무를 표현하는 것이다. 우리는 애도를 통해 자연을 죽음에 이르게 한 책임을 통감하고 살아 있는 동안 애도의 의무를 다한다. 물론 자연과 친족관계를 구성하는 것이 새로운 발상은 아니고, 아메리카 대륙 원주민을 포함한 다양한 종족 집단들이 수행해온 삶의 방식이다.

전지구적 자본주의 시대의 상실과 애도에는 더욱 변혁적인 질적 변화가 도입되어야 한다. 파괴, 죽음, 황폐화가 초래하는 삶과 생명의 취약성을 육체적으로 민감하게 느껴야 한다. 하지만 애도와 슬픔이라는 격렬한 감정과 경험은 공적인 기후변화 담론들, 지배적인 정치 담론과 전문가의 말에는 존재하지 않는다. 우리는 감정을 제거함으로써 공동의 책무에서 쉽게 벗어난다. 컨솔로와 랜드먼은 철학자 주디스 버틀러Judith Butler가 제시한 '애도 가능성의 불평등한 할당' 개념을 인용하여 사라져가는 동식물, 광물 등 인간이 아닌 다른 신체는 공적 영역에서 자리 잡지 못한 신체이고, 이들에 대한 애도는 불가능하다고 취급하는 공적 담론이 존재한다고 말한다.

컨솔로와 랜드먼이 기후변화에 애도의 작업으로 접근하는 것은, 애도를 통해 기후위기와 생태 상실을 겪는 인간·비인간의 취약성을 살아 있는 신체로 감각하고 공유하고자 하는 기획이다. 또 생명의 취약성과 죽음을 기후위기의 지배 담론에서 가시화하고, 비인간 신체를 중요한 신체로 재구성해내고, 친족의 의무로 애도하는 행위라고 할 수 있다.

기후위기시대의 애도는 누가 이 지구를 구성하고 있는 행위자인지를 반문하는 것이다. 비인간종, 동식물, 공기, 물을 모두 하나의 지구를 구성하는 주요한 행위자이자 행동 능력을 갖추고 있는 존재로서 인식하게 되면 우리 인간은 겸손해질 수밖에 없다. 기후위기시대는 우리가 다 아는 진실이 진실임을 깨닫게 한다. 인간과 비인간 주체들이 모두 공동체의 구성원으로서 소속감과 책임감을 갖는 존재들임을 알고, 이 두 주체를 위계적 관계가 아닌 연결된 존재로서 그 위치를 인식한다. 인간중심주의를 넘어서는 이런 감정은 기후위기를 극복하기 위해 긴요한 문화적 자원이며 행동의 요소가 된다. 생태적 슬픔이라는 정동은 수치와 희망을 동시에 포함하는 개념이다. 여기서의 희망은 무언가 잘되고 있다는 데서 오는 즐거움 혹은 분명히 성공할 것 같은 일에 투자하거나 헌신하고자 하는 의지 같은 의미가 아니다. 희망은 성공 가능성 때문이 아니라 의미있고 좋은 것을 위해 힘을 기울이는 능력을 뜻한다.[9] 희망을 증진하는 것은 애도의 과정을 통해서만 이루어질 수 있다. 사람들은 생태적 슬픔을 통해 응답과 책임의 윤리를 알아내고 행동하기 때문이다.

재거주 정치

그렇다면 우리는 어떻게 다시 지구를 살 만한 장소로 만들어갈 수 있을까? 기후위기라는 재난의 시대에 희망을 품는다는 것은 어떤 뜻일까? 끝이 다가온 순간에 희망을 외치는 것은 어떤 의미일까? 러시아의 시인 마리나 츠베타예바^{Marina Tsvetaeva}는 "나는 잃을 것이/없다. 끝에 끝!"[10]이라는 시구를 통해 우리에게 '끝'에 대해 성찰하라고 요청한다. 기후위기로 지구가 불타고 있고, 우리의 삶 또한 시한부이며 '끝'이 오고 있다고 하지만, 바로 그 끝은 새로운 독해를 요청하는 지점이기 때문이다. 기후위기가 지구의 끝을 가져오는 것이 아니라, 우리의 감정 없음이, 연약함을 인정하지 않음이, 분노하지 않음이 끝을 가져오고 우리를 재앙의 고통 속에 길게 머물게 하는 것이다.

에코페미니즘의 재거주 정치는 남성중심의 자본주의가 파괴하거나 억압해온 대상이 다시 정치적 주체로 서는 과정을 의미한다. 자본주의 역사가 시작된 이래 현재의 기후위기시대까지 세계는 북반구 엘리트남성 중심의 세계경제성장모델로 운영되었다. 이 모델이 이루어낸 '발전'은 오랜 기간 여성성을 억압하고 여성의 노동을 열등한 것으로 폄하해온 지노사이드^{Gynocide}인 가부장제, 식민과 제국주의를 통해 유색인종을 노예이자 자원수탈의 수단으로 삼아왔던 제노사이드Genocide로서의 인종주의, 다양한 생물종을 파괴하거나 멸종에 이르게 한 에코사이드Ecocide로서의 생태파괴에 기반을 둔 것이었다. 이 때문에 가부장제, 제국주의, 종차별주의에 반대하는 에코페미니즘 정치는 젠더, 인종, 생태·생물종의 교차억압 관점으로부터 대안이 모색되어야 함을 강조한다. 이런 관점의 에코페미니즘은 끊임없이 약탈지를 발견하고 새로운 경계를 만들어 정복하고 추구하려는 충동에 반대해왔다.[11] 최근의 우주 탐색 또한 다른 행성을 식민지화하는 것과 같은 기술환상주의에서 비롯한다. 에코페미니스트들은 무지막지한 가부장적 자본주의가 디지털기술, 인공지능, 청정과학 등을 동원해 지구를 위기 상태로 내버려두지 않을 만큼 '탁월한 감독관' 노릇을 잘해나갈 것이라고 믿지 않는다. 국가도, 기업도 연약하고, 두려움에 싸여 있지만 자신의 과오를 인정하지 않는 인간들의 모임일 뿐이다. 그러니 책임지는 주체로 지도받고, 규제받고, 좋은 길로 유도되어야 한다.

경제선진국의 상층 계층은 그들이 만들어낸 거대한 생태부채를 갚지 않은 채 또다른 정복지를 찾아 나선다. 국가들은 앞다투어 정복과 발전의 서사를 내세워 잉여 신천지를 개발하고 있다. 21세기의 달과 별은 우주자본주의가 정복할 대상이자 멸망해가는 지구에서 인간종을 구해줄 새로운 거주지로 상상된다. 우주자원 전쟁은 남의 삶의 거주지를 망쳐놓고 도망치면서, 또다른 자원을 탐닉하고 착취해온 약탈자본주의의 새로운 얼굴이다. 지구를 황폐한 땅으로 만들어놓고, 새로운 거주지로 탈주해버리는 자본가와 경제선진국의 리더들은 또다시 세계를 과학기술의 환상적 주술로 마비시키고 있다. 기후위기의 근본 원인이 인간중심주의에 기반을 둔 무한한 자본 증식의 욕망임을 알고 있는 우리는 선언해야 한다. 인간이 정복할 대상은 더는 존재하지 않는다고.

인간을 포함하는 모든 생명체가 살 만한 장소로 지구를 만들기 위해 에코페미니스트 장이정수가 주장한 대로 "환경 착취에 기반한 성장을 멈추고, 가치있는 것(생산)과 가치없는 것(재생산)의 위계와 구분을 재구성해야 한다."[12] 생산과 경제는 사회의 외면적 부를 평가하는 하나의 척도일 뿐이지, 사회구성원의 주관적 행복, 안전, 평등, 미래에 대한 열망 등을 포함하는 삶의 질을 보장하는 것이 아니다. 돌봄을 통해 인간뿐만 아니라 생명체와 공기, 물, 땅도 건강함을 유지해야 인간도 행복감과 안전함을 느낄 수 있다. 경제 중심의 성장모델이 수정되어야 함은 물론, 인간의 일상적 삶이 구성되는 재생산방식 또한 급격히 재편성되어야 한다.

에코페미니스트들은 경제성장, 사회적 재생산과 생태 시스템 사이의 상호작용을 분석하면서 물질적 확장도, 인간의 돌봄도, 생태자원도 '무한공급'이 가능하지 않다는 점을 인정하는 것에서 대안이 모색될 수 있다는 점을 강조한다. 공유, 공존, 순환, 모든 이의 돌봄 참여와 같은 생태주의적 돌봄전환사회의 가치를 통합해 사회재생산 원리로 삼지 않으면 젠더·계급·인종·생물종 간 불평등과 환경파괴가 동시에 강화된다.[13] 내가 경험한 맥락 위에서, 내 삶의 장소에서 할 수 있는 걸 해가면서, 내 집과 지구를 다시 살 만한 공간으로 만들어갈 수밖에 없다. 에코페미니즘은 가부장적 자본주의의 약탈에 참여하고 찬미해온 스스로에 대한 '멈춤'의 상태로 나아가는 것일 수 있다. 이제까지 함부로 사용한 것과 망친 것에 대한 책임감을 가지고 내 집을 다시 거주할 수 있는 공간으로 변화시키겠다는 의지를 공동적으로 구성해가는 일이다.

현재까지 세계화자본주의를 추동해온 가부장제, 식민주의 및 생태파괴에 대항하는 에코페미니즘은 지구상의 모든 비인간 거주자, 여성, 그리고 도처에서 식민화된 사람들 간의 상호연결을 이해하고, 이런 연결성을 삶을 살리는 통찰력으로서 강조했다. 이런 의미에서 환경사학자이자 철학자인 캐럴린 머천트Carolyn Merchant는 여성이 기후변화로 가장 큰 피해를 입고 있기 때문에 여성이 자신들의 삶과 지구 자체에 의미있는 변화를 일으킬 힘을 보유해야 한다고 말한다.[14] 사회학자 핀 벨Finn Bell과 그의 동료들은 테일러의 재거주화 개념을 인용하면서 살아 있는 존재에 손상이나 피해가 가해진 지구라는 땅에서 '이동'하는 대신 그 땅에서 제자리에 머물겠다고 약속하고, 더 지속가능한 치유적 삶의 방식을 만들어내려고 노력하고 결의해야 한다고 주장한다. 즉, 테일러의 말대로, 재거주를 실천하는 사람은 '집'에 머물면서 자기 집의 앞뜰과 뒤뜰에서 피해를 치유하겠다고 약속해야 한다는 것이다.[15]

에코페미니즘의 이런 관점은 환경피해에 대한 책임을 함께 지고, 다시 지구를 살 만한 집으로 만들어내려는 정치적 에너지를 구성해가는 것을 의미한다. 이 정치적 실천은 젠더·제3세계·생물종의 죽음을 전제로 수행해온 세계자본주의의 폐해와 싸우며, 이들의 책임을 묻고, 더 많은 약탈이 자행될 가능성에 저항하고 반대하는 것을 의미한다. 에코페미니즘의 재거주 정치는, 인간중심주의적 발전주의가 만들어낸 거대한 상흔은 인간의 공동의 노력에 의해서만 회복이 가능하다고 믿는다. 그리고 기후위기의 불안에 잠식되어 비관만 하지 말고, 사회적 연대와 연결성을 통해 해법을 모색해야 한다고 촉구한다.

'바로, 여기'에서의 에코페미니즘 정치

그럼 '바로, 여기'는 어디를 의미하는가? 에코페미니즘은 각 문화권과 특정 종족에 존재해온 생태주의의 역사와 현재를 복원해야 한다고 강조한다. 세계자본주의의 약탈성에서 벗어나 있는 지역민은 존재하지 않으니, 당사자인 우리 모두가 자신의 삶터를 살려내는 즉각적인 행동주의를 실천해야 한다. 기존의 사회·경제·문화적 관행을 당연한 것으로 여기며 편의와 물질주의에 기반한 생활을 위해 환경파괴는 불가피하다는 암묵적 전제를 강화하는 데서 벗어나 다른 삶, 몰랐던 생활방식, 먼 문화권의 오래된 지혜를 배우고, 과학과 지식 또한 생태주의적 관점으로 판단하는 것이다. 무엇보다 현재의 기후위기의 일차적 원인제공자인 국가와 기업이 전지구 혹은 일국의 차원에서 채취주의extractivism가 아닌 보존책임주의stewardship의 원칙에 따라 오염자 부담의 의무를 수행해야 한다.[16] 이때 국가와 기업이 해법을 독점하며 또다시 패권적 권위주의와 경쟁적 발전주의를 합리화하지 않도록 시민사회의 행동주의가 중심이 되는 것이 '바로, 여기'에서의 정치이다. 모든 개인이 책임감 있는 시민으로서 생활방식과 습관에 배태된 환경파괴적인 요소를 알아가고, 여기에서 벗어나는 행동과 실천양식에 참여하는 것 또한 매우 중요하다.[17] 국가와 기업의 생태파괴를 막아내는 정치적 행동, 여성과 약자에게 집중되었던 돌봄노동에서 벗어나 모든 인간이 돌봄 인격을 갖춘 존재로 격려받으며 성장하는 사회, 인간과 비인간의 공생을 탐구하는 일, 문화적으로 다양한 식습관을 구성해온 지역민들의 생태감각을 회복하는 일, 공장식 축산을 부추기는 육식중심의 식습관에서 벗어나는 일, 도시에서 태동하는 인간과 자연 간의 돌봄공동체를 만드는 일, 사람들이 사유화에 반대해 지켜내고 탈환한 공유지, 즉 커먼즈Commons 등을 연구하고 실천하는 일, 비시장적이고 착취적이지 않은 인류의 삶의 형태가 '바로, 여기'에 존재했고 여전히 지속되고 있다는 점을 이해하는 것이다. 우리는 탄소포집기술과 미세먼지를 줄일 수 있는 신재생에너지의 발전을 열렬히 고대하지만, 동시에 기술과 과학이 현재의 기후위기를 해결하는 유일한 해법이 될 수 없다는 점을 안다. 벨과 그의 동료들의 말처럼 기술환상주의가 미래지향적이라면 에코페미니즘은 '고대의 지혜'다.[18] 기술환상주의가 분리와 대상화를 전제한다면, 에코페미니즘은 역사와 현재, 인간과 비인간, 물질과 기계의 연결성 및 전체성을 지향한다. 에코페미니즘은 지구상의 모든 인간, 비인간 거주자, 여전히 곳곳에서 식민화된 사람들 간의 상호연결성을 복원하고, 이런 연결성을 삶을 살리는 통찰력으로 삼는다. 에코페미니즘의 재거주 정치는 젠더·인종·생물종 간 정의를 바탕으로 인간·비인간 생명체의 요구, 이해, 욕망, 취약성, 희망에 반응하는 방식으로 서로 응답하고 관계 맺고자 고민하는 정치이다. '바로, 여기'에서의 정치는 자연 앞에서 겸허한 인간종으로의 회복을 위한 대안적 사회구성원리이며, 방관이나 도피, 과신과 두려움으로부터 벗어나 불타는 나의 집을 지켜내고자 하는 용기있는 실천이다.

우리 삶은 왜 외롭고 취약해졌는가?

박 혜 영

우정이라는 안식처

> 새는 둥지에, 거미는 거미줄에, 사람은 우정에
>
> ── 윌리엄 블레이크 「지옥의 격언」 중

모든 존재에게는 저마다 자기 몸을 누일 보금자리가 필요하다. 새는 둥지에 쉴 곳을 마련하고, 거미는 거미줄에 거처를 마련한다. 그렇다면 사람은 어디에다 몸과 마음의 안식을 구할 '존재의 집'을 마련해야 할까? 한국의 부동산 광기에 비춰본다면 아마도 대답은 서울의 멋진 아파트여야 하겠지만 영국의 시인 윌리엄 블레이크William Blake는 사람에게 필요한 집은 우정이라고 했다. 왜 우정일까? 왜 부동산과 같은 사유재산이나 가족과 같은 자아 동질적인 울타리가 아니라 자신과 전혀 다른 이질적인 존재들과의 관계망이 인간에게는 안식처가 되는 것일까? 그것은 타자와 어울리며 함께 살아가는 것이 사회적 동물로서 인간의 천성이자 동시에 인간에게 부여된 실존이기 때문이다. 한나 아렌트Hannah Arendt에 따르면 인간은 지구라는 자연적 조건을 떠나 살 수 없고, 다른 존재들과 떨어진 채 혼자 살 수도 없다. 인간은 이런 복수성plurality으로 인해 타자들로 구성된 사회 속에서 자신의 실존적 가치를 실현하는 사회적이고 정치적인 존재가 된다.[1]

여기서 우정이란 사람들이 서로 어울리고 사귀는 사회 활동의 시공간을 말하며, 인간이 이런 시공간 안에 존재의 뿌리를 내릴 때 가장 좋은 삶을 살 수 있다는 말이다. 좋은 삶을 영위하는 데 필요한 가치로는 돌봄·친절·환대를 들 수 있는데, 이런 덕성은 모두 우리가 타자를 어떻게 대해야 하는가와 연관이 있다. 윤리는 타자를 위하는 덕행을 요구한다는 점에서 근본적으로 사회적인 것이다. 블레이크는 인간의 가장 숭고한 행위는 다른 존재를 자기보다 앞에 두는 것이라고도 했다. 타자를 자기보다 앞에 두는 것이 바로 진실한 우애의 세계이고 좋은 삶을 위한 윤리이다. 그 타자가 자연이든, 동식물이든, 사람이든 우리가 다른 존재들과 우정을 나누는 세계 속에서 살 수 있다면 그보다 더 덕스럽고 좋은 삶은 없을 것이다.

사회는 사라지고 가족만 남은 삶

하지만 오늘날 한국에서 우정처럼 경시되는 단어도 없다. IMF

외환위기 이후 무한경쟁과 적자생존만이 유일한 삶의 조건으로 주어지자 사람들은 우정에 대해 점차 입을 다물기 시작했다. 아리스토텔레스는 친구란 두 몸에 깃든 한 영혼이라고 했지만, 지금의 아이들에게 친구는 한 목표를 향하는 두명의 적이다. 우정의 세계가 학교와 일터와 마을에서 빠르게 퇴출되어 친구도 동료도 이웃도 모두 사라지게 되자, 오직 혈연으로 맺어진 가족만이 마지막 기댈 곳이 되어버렸다. 특히 IMF 외환위기 이후 사회가 신자유주의 체제로 빠르게 재편되며 각종 사회적 안전망이 취약해지면서 기댈 곳은 가족밖에 없다는 믿음이 강화됐다. 물론 1인 가구의 증가나 다양한 대안적 가족형태의 등장에서 알 수 있듯 이제는 과거와 같은 이성애 결혼과 핏줄로 맺어진 자식이라는 혈연관계조차도 더이상 안전지대가 될 수 없다는 인식도 커지고 있다.[2]

문제는 사회관계망이 축소되어 가족이 유일한 안식처가 되자 가정이 해야 할 역할이 지나치게 많아졌다는 점이다. 지금의 가정은 아이들이 더 넓은 사회로 나가기 위해 자신의 역할을 배우고 준비하는 장소가 아니라, 전쟁터와 다름없는 사회와 단절한 채 숨어드는 도피처이자 개인의 사회적 욕구를 확대재생산하는 장소가 되어가고 있다. 다시 말해 사회가 취약해질수록 가정은 돌봄, 육아뿐 아니라 교육과 진로, 재산 축적과 계승, 복지와 심리적 안전망 역할까지도 모두 떠맡게 된다. 지금의 부모는 자식을 낳고 키우는 정도를 넘어 자식이 초국적 자본주의체제에서 부가가치가 높은 임금노동자가 될 수 있도록 최고의 교육전문가이자 인력관리 매니저가 되어야 한다. 기러기 아빠 현상이나 영어유치원을 비롯한 조기

교육 열풍의 출현에도 이런 배경이 있다. 만약 자식이 인력상품시장에서 유능한 인재가 되지 못한다면 아이들은 재기 불가능한 패배자가 되고, 부모는 실패한 투자자가 된다. 가정이 이처럼 기업인 양 운영되면서 가족관계는 서로에 대한 과도한 역량 요구로 인해 과부하에 시달리게 됐다. 부모는 아이들의 친구이자 매니저가 되어야 한다. 아이들은 부모의 자아실현 대상이자 목표가 되어야 한다. 가정을 마치 기업처럼 간주하는 '기업가정'에서는 가장의 (경제적) 실패가 곧 가족구성원 전체의 실패가 된다. 경제선진국 반열에 오른 지금의 한국에서 일가족의 동반 사망 소식이 종종 전해지는 현실은 이런 과부하가 얼마나 심각한지를 보여주는 증거라고 할 수 있다.

가정의 역할이 확대될수록 모순적이게도 외로움도 늘어난다. 한때 신자유주의의 투사였던 영국의 전 총리 마거릿 대처Margaret Thatcher는 광폭한 구조조정을 밀어붙이며 이렇게 말했다. "사회라는 것은 없습니다. 남성과 여성, 개개인이 존재할 뿐이고 개별적인 가족공동체가 존재할 뿐입니다."[3] 대처 말대로 '사회 같은 것'이 사라지고 가정 외엔 기댈 곳이 없게 되자 사람들은 더욱 고립되고 고독하게 됐다. 대처 집권 이후 약 사십년 만인 2018년 영국 정부는 외로움부Ministry of Loneliness를 신설하기에 이르렀다. 영국 인구의 14퍼센트인 900만명이 외로움에 시달리고 있기 때문이었다. 취약층과 청년층의 상황은 더욱 심각해 360만명에 이르는 노인들은 TV 시청 외에는 외로움을 이겨낼 방편이 없고, 17~25세의 청년들 가운데 거의 절반인 43퍼센트가 고립의 고통에 시달리게 됐다.[4]

한국도 크게 다르지 않은 상황이다. 2021년 한국 소셜미디어 이용률은 89퍼센트로, 전세계 평균의 두배에 가까운 수치로 전체 2위를 기록했고 이용자 수는 3,490만명이 넘었다. 세계 최고의 인터넷 연결망과 사용자 숫자에도 불구하고 한국의 사회적 그물망은 오히려 빠르게 망가지고 있다. 가령 여성혐오로 시작된 특정 집단에 대한 혐오가 남성혐오, 모성혐오, 노인혐오, 성소수자혐오, 외국노동자혐오로 확산되었다. 혼자 사는 삶이 보편화되면서 2021년 1인 가구 비율은 전체 가구 가운데 가장 많은 33.4퍼센트를 차지했다.[5] 2015년에는 27.2퍼센트, OECD 평균과 유사한 수치였으니 증가폭이 매우 가파르다는 것을 알 수 있다.

물론 사람들은 여전히 타자들과 함께 살고 있고, 친구를 만나고 사귄다. 팬데믹으로 인한 사회적 거리두기 기간에도 많은 사람들이 온라인상으로 만나 서로 사귀며 취향을 공유하는 비대면 공동체를 즐겨왔다. 그러나 기후위기시대에 이런 비대면, 비접촉, 디지털 관계망의 확산이 과연 바람직한 대안이 될 수 있을까? 비대면 접촉이 증가하던 팬데믹 시절에는 각종 배달서비스 이용률도 비례해서 상승했다. 코로나19 팬데믹 기간 동안 한국의 일회용 플라스틱 폐기물 발생량 증가폭은 역대 최대 규모였는데, 2020년 한국인들은 1인당 연간 568개의 일회용 플라스틱 배달용기를 소비했다.[6] 1인 가구 증가 현상과 팬데믹으로 인한 '집콕생활'이 맞물려 배달문화가 확산된 결과였다.

노동시장에서는 배달노동 등 1인 노동이 급증했다. 사람들은 노동하는 시간 동안에조차 고독하게 되었다. 오늘날 플랫폼 노동자들은 기간제, 파견제, 도급제, 간접고용제 등과 같은 새로운 고용방식의 등장으로 과거의 노동계급이 누렸던 조합 활동이나 동지애, 그리고 공통의 일터를 상실한 채 고용주, 사용자, 소비자가 누군지도 모르는 상태로 일하게 됐다. 그들의 노동은 점점 더 보이지 않게 되고 있다. 프레카리아트precariat, 즉 저임금·저숙련 불안정 노동 무산계급은 위태로운 사회가 낳은 위태로운 불안계층이며, 그 등장 자체로 한국의 사회관계망이 끊어져가고 있음을 여실히 보여준다.

팬데믹 시기 대학에서도 비대면 교육을 실시했다. 나는 화상으로라도 서로 얼굴을 보며 수업을 하고 싶었지만, 대부분의 학생들은 카메라를 켜는 것을 매우 불편하게 생각했다. 켠다고 해도 모자와 마스크로 얼굴을 모두 가려 누가 누구인지 알아볼 수 없는 경우가 많았다. 검은 화면에 이름만 띄우던 제자들은 대학에서 과연 무엇을 놓쳤을까? 특히 신입생 때부터 비대면 수업만을 들은 학생들이 놓친 것은? 학업성취만은 아닐 것이다. 인터넷을 통한 온라인 학습방식이 갖는 장점도 충분히 많다. 이들이 놓친 것은 대학생활이다. 선생을 만나야 제자가 되는 것인데, 교수를 만날 수 없었다. 선배를 만나야 후배가 되는 것인데, 선배를 만날 수 없었다. 오리엔테이션이나 엠티를 가지 못하니 새로운 친구를 사귈 수 없었다. 친구를 사귀더라도 함께 모여 밥을 먹거나, 놀거나, 여행을 갈 수도 없었다. 내가 면담한 학생들은 3학년이 되었는데도 학교에 아는 사람이 없다고 했다. 학생들이 뿌리를 내리지 못하는 만큼 학교는 활력을 잃어갔다. 이렇듯 비대면 접촉이 늘어날수록 우리는 사회성을 잃는다. 이상한 것은, 모두가 혼자가 되어갈수록 각자도생의 생존경쟁체제는 더욱 맹위를 떨치게 된다는 점이다. 대학에서 자기계발, 역량강화, 적성탐구는 글로벌시대를 위한 인재양성 목표가 되고, 우정은 구시대의 유물로 취급된다.

우정은 왜 사라지게 되었는가?

오늘날 우정이 사라지게 된 것은 무엇보다 타자를 대면하고 환대할 장소인 '사회'의 소멸 때문이다. 사람과의 관계에서 장소는 뒷받침용 배경으로만 존재하는 것이 아니다. 사회와 사교를 뜻하는 영어 단어 society는 어원상 사람끼리의 교류를 의미하는 동시에, 이를 위한 자유로운 결사association 활동이 일어나는 장소를 말하기도 한다. 미국의 도시사회학자 레이 올든버그Ray Oldenburg에 따르면 사람들은 일터도 가정도 아니고, 공적 영역도 사적 영역도 아닌 제3의 장소에서 타자와 물리적으로 접촉함으로써 서로의 타자성을 이해하고 관계 맺기를 배우게 된다.[7] 이런 제3의 장소는 오래전부터 존재해왔다. 고대 그리스에는 정치 활동이 이루어지는 폴리테이아politeia와 가정생활이 이루어지는 오이코노미아oikonomia 외에 다른 중요 영역으로 코이노미아koinomia가 있었다. 코이노미아는 영어로 하면 커뮤니티community로, 사람들이 서로 만나 사귀며 다양한 사교 활동을 하는 장소를 말한다. 말하자면 근세 유럽의 살롱이나 사교클럽처럼 자발적으로 모여 서로 친교를 다지는 곳이었다.[8] 올든버그는 미국이 2차 대전 이후 자동차 이용자 중심의 획일적인 도시계획을 추진하면서 사람들이 걸어가 모일 만한 장소가 없는 삭막한 교외주거지역이 형성되었다고 보았다. 미국에서처럼 가정과 일터의 양대 공간만 남은 경우 사람들은 고립감과 외로움에 더욱 시달리게 되고, 제3의 공간에서 충족되지 못한 만족감을 가정과 일터에서 얻고자 하게 된다.[9] 그러나 일터-집터를 자동차로 오가기만 하는 한정된 생활로는 타자를 향한 근원적인 앎과 사귐의 욕구를 실현하기 어렵다.

대부분의 대도시에서 격식 없이 어딘가 편하게 속해 있음으로써 내부에서 우정과 친밀감을 얻을 수 있는 장소는 사라졌고, 사회적 장소들은 사교의 장소에서 소비의 장소로 변모되었다. 사회적 삶이 사라진 곳에서 사람들은 고객, 노동자, 통근자로서만 존재한다. 그래서 올든버그도 "만약 미국인이 독립만큼 우애의 가치를, 자유기업만큼 민주주의의 가치를 존중했다면, 도시계획으로 인해 지역사회에서 사회적 고립이 야기되지 않도록 한두 블록마다 자연스럽게 모일 장소를 만들도록 했을 것"[10]이라고 비탄한 것이다. 기댈 곳은 가정밖에 없고, 사회의 모든 영역이 자본을 생산하거나 자본을 소비하는 공간으로 전락하게 된 곳에서는 우애의 즐거움뿐 아니라 덕성의 실천, 나아가 민주주의까지도 위협받게 된다.

우정의 세계가 제한적이고 구체적인 물리적 시공간을 필요로 하는 것은 우정이 수적, 물질적, 공간적으로 제한된 영역에서 실천되는 덕성이기 때문이다. 우리가 오늘날 비록 지구촌에 산다고 해도 지구상 80억명의 사람들 모두와 친구가 될 수는 없다. 에코페미니스트 마리아 미스^{Maria Mies}에게 큰 영향을 끼친 이반 일리치^{Ivan Illich}는 자본주의가 사회적 동물인 인간을 경제적 동물로 왜소하게 만들었 다고 비판하며, 현대산업문명의 대안으로 공생공락共生共樂의 자급적 삶을 강조했다. 일리치에 따르면 함께 살고 함께 즐기는 공생공락 의 삶이야말로 자발적인 사귐의 세계이며, 비산업문명에 존재했던 자급적 세계에서부터 이루어져온 것이다. 미스가 제3세계 토착공 동체의 여성들의 삶에서 찾아낸 자급^{subsistance}의 세계도 이와 유사 한 장소다. 일리치는 서로 얼굴을 맞대고 서로의 숨결을 맡으며 밥 을 같이 나눠 먹는 공생공락의 관계를 우정이라고 보았다. 라틴어 로 서로의 숨결을 같이 맡는 것을 콘스피라티오^{conspiratio}, 함께 밥을 먹는 것은 코메스티오^{commestio}라고 하는데, 공생공락을 위해서는 이 두가지가 중요한 것이다.[11] 일리치의 관점에서 공생공락 세계를 파괴한 것이 바로 자본주의이자 소위 근대화, 서구화다. 미스도 오 랜 역사를 이어온 자급의 세계를 파괴한 것이 바로 자본주의적 경 제성장이라고 보았다. 미스가 토착적 자급을 중시하고, 전지구적 자본주의체제하에서 여성·제3세계·자연을 대상으로 이루어지는 착취를 가정주부화^{housewifization} 개념이나 빙산모델^{iceburg model} 이론 으로 설명한 이유도 여기에 있다.

우정의 덕행으로 서로 얼굴을 맞대고 밥을 나누어 먹는 것은 동 서고금 대부분의 문화에서 매우 중요했다. 그러나 우정의 주요 실 현 요소가 콘스피라티오와 코메스티오라면, 서로의 숨결을 맡고 어울려 밥을 먹던 장소가 파괴될 때 우정의 공기도 무상하게 사라 질 수밖에 없다. 우정이란 대기 속으로 흩어지는 숨결을 함께 마시는 것이라는 콘스피라티오는 역설적이게도 공통의 장소 없이 우정을 이어가는 것이 얼마나 어려운 일인가를 성찰하게 한다. 오늘날 우정의 세계가 점점 엷어져가는 것은 우정의 토대가 되는 장소가 사라졌기 때문이다. 서로의 냄새를 참아주고, 밥을 같이 먹는 유일한 공동체로 겨우 가족만 남게 되었다. 우정의 세계가 없기에 사람들은 끝도 없이 고독하다. 1인 가구로 살며 가족조차 없는 경우가 많은 현대인의 삶이 불안하고 위태로울 수밖에 없다.

오늘날 우리의 삶을 위협하는 요소는 너무도 다양하다. 상시적인 해고 위협, 치열한 경쟁체제, 안전하지 않은 노동 현장, 반복되는 경제위기로 인한 두려움과 불안감 조성, 거기에 예측할 수 없는 기후변화까지 모든 것이 평화로운 삶을 흔든다. 사람들은 자기계발형 인간관과 초긍정심리학에 기대어 발전이라는 신기루를 좇아 혼자서 자기를 채찍질했다가, 달래기도 하고, 선물을 주거나 칭찬도 해가며 날마다 오직 자기 자신만을 상대해 살아가고 있다. 저마다 자기에게 모든 것을 투자하고, 자신을 능력 있는 '인적 자본'으로 만드는 데 온 힘을 쏟다보니 타자에게는 관심을 가질 수가 없다. 그 결과 한국사회에 유례없는 신기록이 쏟아진다. OECD 최고의 자살률과 노인빈곤율, 최저의 출산율과 함께 많은 사람들이 우울, 고독, 분노, 혐오, 불안과 같은 정서적 고통에 시달리게 되었다.

공락共樂을 느끼지 못하는 삶에서는 행복도 느끼기 어렵다. 행복이란 자기 마음에 달려 있다는 점에서 주관적인 감정처럼 보이지만 실제로는 사회적인 감정이다. 좋은 관계, 좋은 삶과 같은 사회적 토대 없이는 행복하기 어렵기 때문이다. 이처럼 친절과 환대에 토대를 둔 상호부조를 떠나 돈에 토대를 둔 기술전문가의 상품서비스에 의존하게 되면서, 그리하여 서로 익숙한 장소를 바탕으로 공생공락하던 자급의 공동체가 전지구적 각자도생의 정글로 바뀌게 되면서, 타자를 자기보다 앞에 두던 우정의 세계는 사라졌다.

우정과 자급의 토대인 다양한 커먼즈를 상상하자

마리아 미스는 인류학자 베로니카 벤홀트-톰젠Veronika Bennholdt-Thomsen과 함께 쓴 『자급의 삶은 가능한가: 힐러리에게 암소를』에서 자급이야말로 자본주의에 맞설 좋은 삶의 토대라는 점을 몇가지 사례를 들어 설명한다. 널리 알려진 미국의 전 영부인 힐러리 클린턴Hillary Clinton에 관한 일화는 방글라데시 농촌마을 마이샤하티 여성들의 자급적 세계의 관점을 잘 보여준다. 힐러리는 최고 부자나라의 영부인이지만, 마이샤히티 여성들은 힐러리가 자기만의 가축도 소득도 없고 자녀도 하나뿐이라는 이유로 연민을 느낀다.[12] 이 일화는 자급의 중요 토대 두가지를 보여주는데, 하나는 가축·소득·땅 같은 실질적인 생계수단의 소유이고, 다른 하나는 다른 여성들과 자매애를 나눌 수 있는 마을 단위 농촌공동체라는 장소다. 이렇게 말하면 흔히 두가지 오해가 일어난다. 첫째는 자급을 자조self-help의 의미로 오인하는 것이고, 둘째는 농촌공동체와 같은 전근대적 체제는 여성들에게 자립의 대안이 될 수 없다고 생각하는 것이다.

우선 자급은 자조가 아니다. 자조는 오늘날 셀프서비스의 형태로 변질된 다양한 과잉-자기돌보기의 일종으로, 타자와 관계를 맺는 삶은 필요로 하지 않는다. 미스는 자급이란 후퇴, 가난, 고된 일이 아니라 타자와의 상호부조로 일구는 좋은 삶, 자유, 자율, 자기결정, 경제적·생태적 기반의 보존, 문화와 생물다양성을 의미한다고 말한다.[13] 미스에게 자급은 자본주의, 가부장제, 식민주의와 근대 산업체제의 구조적 착취를 극복하기 위한 접근으로, 경제성장 논리에 희생되어온 여성, 식민지, 무엇보다 자연을 해방시킬 수 있는 관점이다. 다채로운 자급적 삶의 문화는 자본주의의 역사보다 훨씬 길고 깊고 넓은 세계였지만, 상품과 임금경제에 의해 몰수되었다.

생태적으로 보자면 산업문명은 공유지, 즉 커먼즈에 대한 전지구적 몰수라고 할 수 있다. 특히 여성들의 생활수단이자 자급 터전이었던 마을공유지는 16세기와 18세기에 왕과 의회가 추진했던 대규모 몰수로 인해 사라졌다. 우리는 흔히 과거 여성들의 삶이 지금보다 더 혹독한 위협 앞에 놓였을 것이라고 생각하지만 공유지의 역사를 살펴보면 꼭 그렇지 않다는 것을 알 수 있다. 가령 1215년에 영국의 존 왕이 서명했던 「대헌장」과 「삼림헌장」을 보면 자유민의 정치적·사법적 권리와 함께 공유지의 사용권에 대한 자유민의 경제적 권리도 적혀 있는데, 흥미롭게도 일순위 권리자는 자식이 있는 과부다. 이런 여성은 숲에서 나는 광범위한 부산물을 채취하거나 돼지를 방목할 수 있는 권리를 우선적으로 보장받은 것이다.

미국의 역사학자 피터 라인보우Peter Linebaugh는 『마그나카르타

선언: 모두를 위한 자유권들과 커먼즈』[14]에서 커먼즈란 공유지이자 동시에 공유지에서 자급적 생계를 위한 상호부조, 즉 커머닝commoning을 하던 토착사회 농민을 의미한다고 말했다. 그런데 자본주의가 몰수한 것은 비단 마을의 공유지만이 아니다. 자본주의는 인간의 사회관계망조차 사적 소유의 형태로 몰수함으로써 우리가 우리 몸의 자유와 노동력을 계속해서 상품화하지 않으면 생존하기 어렵게 만들었다. 만약 오늘날에도 마을공유지가 있다면, 가난한 여성들이 공유지에서 자급적 생계를 꾸릴 수 있다면, 그리고 그것이 시혜나 특혜가 아니라 자유민의 당연한 권리로서 사회적으로 보장된다면, 설령 취약한 처지에 놓인 여성이라도 좋은 삶을 살 수 있을 것이다.

근대문명은 자아 과잉의 문명이다. 자아가 주체이고, 주관이 주체적 사유가 되며, 자아 탐색이 곧 주체성의 확립이 된다. 자아 과잉은 타자와의 우정과 상호부조를 기반으로 하는 자급의 세계와 양립하기 어렵다. 자아를 중심에 놓았기 때문에 비자아들은 모두 변방으로 밀려난다. 여성, 어린이, 노인, 장애인, 식민지인, 제3세계, 동식물, 자연이 우와 열의 이분법적 사고에서 열등한 것으로 인식됨으로써 타자에 대한 억압과 착취, 나아가 마구잡이 개발의 길이 열리게 되었다. 그 결과 우리는 대규모의 자연파괴, 기록적인 재난·재해, 감당할 수 없이 빠른 기후변화를 목격하게 되었다. 외부 환경만이 아니라 사람들의 내면과 심성도 말할 수 없이 처참하게 무너지고 있다. 공생공락을 나누던 공유지의 그물망이 찢어지자 사람들은 미래에 대한 두려움 때문에 돈에 매달리게 되었다. 투기와 보험과 연금산업의 성장세를 보라! 그러나 가장 안전하고 완전한 노후보장은 돈이 아니다. 언제 다가올지 알 수 없는 죽음, 어떻게 다가올지 알 수 없는 재난 앞에서 인간다운 노후는 끊어진 우정의 그물망을 다시 이을 때에만 가능할 것이다.

근대문명의 악순환에서 벗어날 방법은 자아가 아니라 타자에게 관심을 보내는 데 있다. 타자를 어떻게 대할 것인가? 타자와 어떻게 만날 것인가? 타자를 어떻게 보살피고 환대할 것인가? 블레이크의 말대로 자기 앞에 다른 존재를 먼저 내세울 수 있을 때 비로소 인간다운 천성이 나올 것이다.

그렇다면 이미 대부분의 공유지는 사라지고, 저마다 자기만의 방에 갇혀 있는 현대사회에서 어떻게 공유지 문화를 살려낼 수 있을까? "공동체 없는 공유지는 없다"[15]는 미스의 주장에서 힌트를 얻자면, 더 많은 비자본주의 공동체를 만들어내야 한다. 공동육아, 공공임대, 공공도서관, 공원, 공유텃밭 등을 거점으로 다양한 타자들을 환대와 돌봄의 장으로 초대할 커먼즈에 대한 새로운 상상력이 필요하다. 다시 한번, 대안은 우애의 그물망이다.

불타는 지구에서 페미니스트로 얽혀 살기

김 은 희

페미니스트가 되어가는 과정

유년기를 지나 머리가 굵어지면서 나는 때때로 "세상이 뭐 이런가?" 하는 생각을 떠올리곤 했다. 십대 때의 나는 여성해방이나 페미니즘 같은 말은 들어본 적도 없었지만 사회가 정한 대로 '여자로 산다는 것'은 납득할 수 없었다. 엄마와 언니들의 노동으로 생계를 꾸려 도시빈민을 겨우 면한 살림살이 형편에 바로 위 삼대독자 오빠가 있는 오남매의 막내딸로 자랐으니 오죽했을까. 하지만 이런 질문보다 그 시절 내게 절실했던 것은 경제적으로 독립할 수 있는 능력을 갖추는 일이었다. 가족들이 거두어야 하는 취약한 존재가 아니라 폐 끼치지 않고 내 몸 하나는 알아서 건사할 수 있는 단독자가 되고 싶었다.

발전주의 도시화[1]가 그 어디보다 빠르게 진행된 서울이라는 도시 변두리에서 나고 자라 지금까지 떠나본 적이 없으니, 그 시절 나에게 자연은 느끼고 감각하기에 너무 먼 존재였다. 그나마 동네에 놀이터가 되어준 큰 하천이 있었는데, 그것도 복개 공사로 보이지 않게 되었다. 원래 봉천천이라는 이름이 있었지만 다들 그냥 복개천이라고 부르곤 했다. 이제 자동차길이 된 복개천길 주변으로는 번화한 빌딩과 아파트 단지가 즐비하게 늘어서 제국적 생활양식을 구현하는 메트로폴리탄 서울의 일부를 구성하고 있다.

근대성은 자연과 문화를 구분하고 위계화해왔으며, "자연으로부터 해방되고 독립되어가는 것이야말로 자유 그 자체의 특징"[2]이라고 간주한다. '자연과의 결별'은 도시에 살면서 페미니스트가 되어가는 나의 삶에도 깊숙이 영향을 끼쳤을 것이다. 주류 페미니즘도 자유로운 개인되기를 추구하면서 자연-문화의 이분법적 위계를 그대로 받아들이기도 하고, 여성의 자연화를 경계한다. 성평등정책이 어느정도 성과를 냈다고 하는 평가 역시 도시에 살고 있는 지식인 여성들의 관점에서 이루어졌다는 점을 부인하기 어렵다.

스무살 청년으로 제법 튼튼한 첫 직장을 잡았지만 나에게 세상은 여전히 '뭐 이런가' 싶었다. 동료들은 나를 꼬박꼬박 이름으로 불러줄 만큼 정중했지만, 그래도 나는 사무실에서 한명뿐인 '여직원'이었다. IMF 외환위기의 전조였을까, 회사는 노동 효율성을 극대화하기 위해 분 단위로 직무를 분석했고 국제표준화가구[ISO] 인증을 받으면서 국제표준 경영시스템을 구축했지만, 그 과정에서 가장 먼저 구조조정의 대상이 된 사람들은 부서별로 한명씩 배치되어 있던 사무서기 여직원들이었다. 사무실에 자리 잡았던 그들의 책상은 복도로 옮겨져 '서비스 스테이션'으로 변신했다. 효율성을 명목으로 인원을 줄여 재배치되었고, 노동자로서의 신분도 새로 만들어진 용역 자회사의 계약직으로 바뀌었다. 당장 나에게 닥친 상황은 아니었지만 내게도 남 일이 아니었고 지켜보기에 괴로웠다. 세상이 왜 이 모양으로 돌아가는지 의아해, 무슨 용기였는지 생계에 대한 보장도 없이 공부를 시작하면서 직장은 그만뒀다.

그렇게 삼십여년의 세월이 흐르는 동안 나는 페미니즘을 만났고 활동가의 삶을 살아가고 있다. 또 기후위기의 심화에 따른 생태적 한계를 감각하면서 나를 둘러싼 관계에 대해, 그리고 사회에 대해 다시 생각하고 있다. 독립된 개인으로서 서는 것을 중시하는 만큼이나 인간이라는 존재의 취약성을 받아들이고, 돌봄의 사회적 관계망 속에서 '불가피한 상호의존'을 몸으로 익히고 있다. 취약성이 존재의 약점이 되도록 내버려두지 않는 관계가 페미니스트 윤리임을 배우고 있다. 버틀러의 말을 빌자면, 취약성은 어떤 주관적 상태가 아니라 우리가 함께 살아가고 있는 상호의존적 삶의 속성으로 간주되어야 하며, 의존성을 극복함으로써 자족성을 획득하는 것이 아니라 평등의 조건으로서 상호의존성을 받아들이는 것이다.[3]

흘러보낸 시간들과 전환의 각성

이즈음 인간 존재의 취약성을 절감하게 하는 것은 무엇보다 기후위기로 말미암은 재난의 양상들이다. 날씨는 매일 아침 달라지고 계절은 변화하지만, 기후라는 것은 그렇지가 않아서 홀로세 Holocene의 기후안정성은 그 자체로 인간 문명의 토대였다. 지구온난화나 기후변화라는 말로 뭉쳐왔던 것들이 급기야 '불타는 지구'의 기후위기 재난으로 닥쳤고, 기후비상사태를 선언해야 하는 지경이 되었다.

인류가 직면한 기후위기 대응을 미뤄온 시간은 내 삶이 축적되어온 시간과도 겹친다. 내가 태어난 해인 1972년에 로마클럽에서 『성장의 한계』를 내놓았고, 한국에서는 개발독재체제가 시작되었다. 학교를 졸업하고 사회인이 된 즈음 국제사회는 본격적으로 기후위기 대응-체제를 갖추기 시작해서 '기후변화에 관한 정부간 협의체'IPCC를 설치하고 기후변화에 관한 국제연합 기본협약UNFCCC을 채택했다. 하지만 2023년 봄 발표된 IPCC의 제6차 종합보고서는 인류가 약속한 지구의 평균 기온 상승 저지선인 1.5도씨를 지켜내는 것이 불가능하게 되었다고 직시했다. 내 나이 오십을 지나고 있는 지금 기후시계[4]의 남은 시간은 시시각각 줄어들고 있지만, 각국은 국가온실가스감축목표NDC 이행조차 미루고 있다.

물론 넷제로Net-Zero, 즉 탄소 순배출량 0을 달성하지 못한다고 해서 2050년에 지구생태계가 일시에 절멸하진 않을 것이다. 다만, 우리가 알던 세상은 끝일 것이다. 삶은 계속되겠지만 기후재난으로 인해 불평등은 더욱 심화되고 따라서 고통받는 존재들이 더 고통받게 될 것이 자명하니, 당장 뭐라도 하지 않을 수 없다. 이런 단언이 누구에게는 억울할 수도 있고 개개인에게 책임을 몰아세울 일은 아니겠으나 의도하지 않았더라도 기후위기에 제대로 대응하기 위해 충분히 노력하지 않음으로써 우리는 지구를 파괴하고 있다.

기후재난이라는 상황은 강제된 것이지만 대응은 의지적이고 체계적으로 이루어질 필요가 있다. 그럼에도 적지 않은 사람들은 기후위기 자체를 부인하거나, 알지만 어찌할 도리가 없다고 생각하기도 한다. 개개인이 어떻게 해볼 수 없을 만큼 압도적이고 예측불가능한 초과물hyperobjects[5]이라 외면하고 회피하게 되는지도 모르겠다. 기후변화 연구로 저명한 역사학자 디페시 차크라바르티Dipesh Chakrabarty는 기후위기가 단일하고 분명하게 표현하기 어렵고 다른 문제의 증상으로 간주될 수 있다는 점에서 더 사악한 문제라고 말하기도 한다.[6]

기후위기에 나름대로 관심을 가진 사람들이 잘 알지 못하는 기후환경 과학기술 정보들까지 찾아보면서 사태를 정확하게 파악하기 위해 노력을 하기도 하지만, 그럴수록 이 문제는 정보 부족에서 비롯된 게 아니라는 생각을 하게 된다. 사람들이 달라지기 위해 필요한 것은 어쩌면 우리를 둘러싼 환경이 내게 강제한 인식의 순간은 아닐까. 인식이란 모르던 것을 깨우치는 앎으로, 단지 모르던 것을 알게 되는 지식과는 다른 종류의 각성이다. 늦었더라도 우리는 내가 발 딛고 나를 둘러싼 것들이 무너져내릴 수 있다는 일종의 붕괴감각을 깨워야 한다.

에코페미니즘을 다시 불러내다

페미니스트 연구자들도 기후위기와 맞물려 보살핌과 배려를 말하는 목소리를 더욱 크게 내고 있고, 돌봄중심사회로의 전환을 강조하는 논의도 포착된다. 여성운동 활동가로서 나의 관심도 조금씩 달라지고 있다. 생태적 관점과 기후위기 대응을 어떻게 담아낼 수 있을까를 궁리하고, 젠더정의와 기후정의를 교차하는 고민을 하게 된다. 기후재앙시대에 페미니즘이 책임 있게 응답하기 위한 사유와 실천으로서 에코페미니즘에 주목하기도 한다. 에코페미니즘은 자본주의 가부장제가 생산적이라 규정한 것들에 내재한 파괴성을 드러내고, 기존 생산의 개념과 방식에 문제를 제기한다. 여성과 남성, 자연과 인간을 구분하는 이분법을 비판함으로써 자연을 착취할 자원이 아닌 연결된 존재로 보고, 상호돌봄에 기반해 관계를 재구성하고자 하는 이론이자 실천이다. 에코페미니스트들은 페미니즘과 생태주의를 연결하는 한편, 기존의 생태주의에 가부장적 편견이 존재하고 남성중심주의를 재생산하고 있음을 비판하면서[7] "생태운동은 왜 여성혐오와 자연혐오 간의 연관성에 그토록 무지한가?"[8]를 질문해왔다.

미국에서는 여성과 자연 사이의 고유한 연결을 논의한 텍스트로 에코페미니즘의 시작을 알린 급진 페미니스트 프랑수아즈 드본 Françoise d'Eaubonne의 고전 『페미니즘이나 죽음이냐』가 2022년 세계여성의 날에 맞춰 영어로 번역 출간되기도 했다.[9] 이 책에서 드본은 지구행성 페미니스트 선언을 위한 긴 행진의 출발을 제안하면서 에코페미니즘을 위한 시간을 가질 것을 촉구하고 있다. 해제를 쓴 캐럴린 머천트는 『자연의 죽음』[10]에서 당면한 환경적 딜레마의 뿌리를 탐구하면서, 현실을 기계로 보기보다 살아 있는 유기체로 봄으로써 여성과 자연의 지배를 용인한 세계관과 과학의 형성을 재검토해야 한다고 지적한 바 있다. 인류세Anthropocene의 행성적 위기 속에서 '자연의 두번째 죽음'을 경고하면서 에코페미니즘 관점에서의 윤리적 대안을 모색하고자 하는 것이다. 기후협상의 쟁점인 책임 소재와 정도, 각국의 재정 부담, 절차상의 공정성 같은 난제들을 풀려면 윤리적 원칙과 사유가 필요하다는 것이다. 인류세라는 시대 속 육체노동의 면모를 두고 가부장세Patriarchalocene, 수컷세 Anddrocene, 노예세Slavocene로 해석할 수 있다고도 언급했다. 또 성장 중심 접근인 지속가능한 개발·발전을 넘어 지속가능한 생계 관점에서 접근할 것을 주장하기도 한다.[11] 생태경제학자 허먼 데일리Herman Daly가 지속가능한 성장과 지속가능한 개발·발전을 구분했다면,[12] 지속가능한 생계는 한 걸음 더 나아가 기본적 필요의 충족, 건강과 빈곤 해소, 고용, 노후보장, 여성의 재생산과 몸에 대한 통제권 등을 강조하는 것이다.

지속가능한 생계가 머천트가 새롭게 제시한 접근법은 아니다. 국제사회의 환경과 개발 논의에서 "지속가능한 생계를 위한 기본적 수단을 사람들, 특히 여성과 아동들로부터 박탈하는 과정, 그리고 그들의 육체적·문화적·정신적 행복을 손상시키는 과정"[13]에 대한 문제의식을 드러낸 것이 시작이다. 유엔 개발정책 역사를 보면, 여성참여와 성평등을 향한 주류 논의는 여성과 개발women in development, WID에서 출발해서 젠더와 개발gender and development, GAD로 이어지면서 성장과 개발·발전 담론에 기반하고 있지만, 1980년대 남반구 여성운동의 목소리가 커지고 서구 개발모델에 대한 비판이 시작되면서 여성과 환경 그리고 개발women, environment and sustainable development, WED이라는 접근법이 제기될 수 있었다. 남반구에서 시작된 WED 담론은 페미니스트 과학자 도나 해러웨이Donna Haraway의 상황적 지식을 참조하면서 차이와 복수성에 대한 가치를 존중하는 출발점을 형성했고, 북반구에서 등장한 에코페미니즘도 이 논의에 커다란 영향을 발휘했다.[14] 이처럼 성장주의를 넘어 생태주의와 페미니즘에 비판적이고 변혁적인 잠재력을 통합하고자 하는 통찰은 이론과 실천을 오가며 아래로부터 여성들이 싸워온 투쟁의 역사를 통해 축적된 것이다.

생존과 자급 그리고 성장주의에서 탈주하기

경제성장은 지속하면서 온실가스 배출을 줄이는 방식의 탈동조화decoupling는 불가능함이 확인되고 있다. 우리가 추구해야 하는 탈동조화는 경제성장과 더 나은 세상을 지향하는 진보의 모순적 결합을 깨뜨리는 것이다.[15] 파내고, 버리고, 태우는 경제 및 성장주의와 결별하지 않고는 답이 없고, 그러자면 소비의 절대 규모를 줄여야 한다. 탈성장론이 다시 대두하고 있는 것도 이런 맥락과 무관하지 않다.

자본주의가 내재한 속성인 성장주의는 이원론을 강화하고 여성들의 역할로 부여된 돌봄을 평가절하하는 방식으로 젠더 불평등을 영속화해왔다. 자유주의 성평등정책의 흐름도 몸을 실어온 개발·발전주의는 한때 사람들에게 더 나은 삶의 조건을 약속하는 것처럼 보였지만 점점 심화되는 불평등과 급박한 생태적 파국의 결과로 마침내 신뢰를 상실하고 있다. 결국 개발·발전주의는 성장주의의 연장선이다.[16]

인류학자 아르투로 에스코바르Arturo Escobar에 따르면 개발은 과학적 지식이나 진정한 발전의 성취를 위한 이론이나 프로그램이 아니라 제3세계를 조정하려는 일련의 정치적 기술이다. 인구조절 프로그램은 남반구 여성들의 재생산권리를 통제했고, 기존의 생존방식과 자급경제, 지역적 생활양식과 토착적 지식·문화를 파괴한다는 점에서 근본적인 회의를 제기한다. 결국 경제성장모델의 무한한 확장이 가져온 생태적 한계는 소수의 과소비와 다수의 주변화라는 맥락에서 고찰되어야만 한다.[17]

탈성장은 가장 간단하게는 물질적 축소로 이해되기도 하지만, 탈성장이 단지 마이너스 성장을 의미하는 것이 아니다. 사회-경제-자연을 연결하는 대안적 방법을 상상하고 실행하기 위한 강력한 개념적 틀로서 성장주의와의 단절, 경제의 재정치화, 다양한 원칙에 따른 경제관계의 재정향 등 훨씬 더 포괄적인 사회변화를 의미한다. 또한 탈성장은 경제적 합리성만을 중시하는 것에서 벗어나 좋은 삶well-being의 척도를 재구성하고, 동시에 인간의 복지를 개선하면서도 생태학적 한계를 존중하는 대안적인 정치·경제 행동을 구상하고 동원하기 위한 설득력 있는 개념적 틀로 제안되고 있다. 따라서 탈성장은 물질적 축소 외에도 돌봄, 연대, 정의, 쾌락과 같은 다른 원칙 및 우선순위에 따라 경제관계를 "전혀 새롭고 질적으로 다른 세계"[18]로 재편성하는, 자발적이고 민주적인 전환을 요구한다.

탈성장이 추구하는 좋은 삶은 에코페미니스트들이 제안하고 실천하는 자급적 삶의 다른 말이다. 자급·생존은 아래로부터 존재한다는 의미를 가진 생존의 정치경제학을 담은 관점으로, 욕망과 필요를 구분하고 필요의 원칙을 강조한다.[19] 아리엘 살레^{Ariel Salleh} 같은 에코페미니스트는 자급·생존과 생태자족을 연결하면서 전세계적 정의로 나아갈 것을 제안했다.[20] 미스는 탈성장이라는 개념을 직접 사용하지는 않지만, 자본주의적 가부장제 경제가 여성과 자연과 식민지에 대한 수탈에 기초함을 밝히는 한편 이를 넘어서기 위한 방안으로 자급의 관점을 제시함으로써, 사회적·생태적·젠더적 전환에 기초한 탈성장 사회로의 길을 열어주고 있다.[21]

2002년 국내에서 개봉한 미야자키 하야오 감독의 애니메이션 영화 「센과 치히로의 행방불명」에서 주인공 치히로는 얼굴 없는 유령 가오나시가 금덩이를 건네주자 "필요 없어요"라고 말하며 단호히 거절하고, 마녀 유바바가 정체성을 빼앗기 위해 지어준 센이라는 새 이름 대신 자신의 본명과 친구 하쿠의 이름을 잊지 않으려고 애쓴다.[22] 욕망과 필요를 구분하고, 필요에 기반해 관계적 삶을 꾸리는 치히로의 태도야말로 자본주의에 균열을 내고 자급적 삶을 살아가는 핵심이다.

질문받고 질문하면서 손 잡기

에코페미니즘의 논의 지형은 생각보다 복잡해서 에코페미니스트의 숫자만큼이나 많은 에코페미니즘이 있을 것이라는 말[23]이 있을 정도이고, 지금도 또 다양한 갈래로 진화하고 있다. 가령 나는 활동하면서 에코페미니스트라 할 만한 이들 사이에서도 '어머니 지구' '어머니 설악' 같은 표현의 사용을 두고 견해가 달라 중간에서 입장을 조율하느라 곤혹스러웠던 경험이 있다. 나 스스로도 '어머니 자연' 같은 말을 입에 올리는 일은 거의 없다. 해러웨이는 '어머니 자연'이라는 이미지가 희생자로서 여성의 집단적 위상을 함축하기 때문에 철저히 제거되어야 한다고 주장하며, 대신 기호화된 트릭스터trickster를 자연의 새로운 이미지로 제안하기도 했다.[24] "자연과 여성을 동일시한 에코페미니즘은 오늘날 여성에게 유효한 이론인가?"[25]라는 질문을 페미니스트들로부터 받기도 한다. 그런데 이는 에코페미니즘이 제기해온 비판을 거꾸로 읽은 것이다.[26]

모성은 한편으로 가부장제가 여성들에게 덧씌운 신화지만, 어머니됨mothering은 돌봄을 몸으로 익히고 상호의존적인 관계를 재구성하는 실천이기도 하다. 에코페미니스트 그레타 가드Greta Gaard의 말로 설명해보자면, (여성과 자연을 동일시하는 것이 아니라) 생태학과 페미니즘, 사회주의의 통찰을 바탕으로 한 에코페미니즘의 기본 전제는 인종·계급·젠더·섹슈얼리티·신체 능력·종 등을 기준으로 억압을 정당화하는 이데올로기가 자연을 억압하는 이데올로기와 닮아 있다는 문제의식이다.[27] 젠더 법학을 공부하고 있는 나의 입장에서 덧붙여보자면 지금까지 수많은 철학자들이 자연화의 권위에 기대어 여성을 폄하해왔고, 자연으로부터 법과 도덕의 기초를 끌어내고자 하면서 보편적 자연법칙을 강조하기도 했지만, 이것 자체가 언제나 자연주의적 오류를 범하게 된다. 자연은 너무나 다양해서 얼마든지 다른 사례를 찾아낼 수 있다. 게다가 인간과 자연을 분리해 위계화하는 것은 서구 근대의 특징일 뿐이다. 인류학자 필리프 데스콜라Philippe Descola도 우주의 인간적 측면과 비인간적 측면을 과도하게 구분하고 비대칭적으로 범주화하는 것은 서구 중심적인 관점일 뿐이라고 지적한다.

탈성장 담론도 그 출발은 서구적 논의라 할 수 있지만, 남반구로부터 제시되는 논의도 풍부해지고 있다. 발전주의에 기대 성장을 추구하는 남반구의 현실을 생각할 때 탈성장론의 적용 가능성이나 유용성, 정치적 타당성은 유의미하다.[28] 탈성장론이 그 자체로 언제나 페미니즘 친화적인 것은 아니다. 오히려 탈성장론에 왜 페미니스트 관점이 교차되는 것이 중요한지를 더 많이 토론해야 한다.[29] 페미니즘과 탈성장연대FaDA에도 참여하고 있는 수전 폴슨Susan Paulson은 탈성장·탈식민·탈인종화·탈가부장제를 위해 활동하는 동료 여행자들 간의 동맹에 힘을 실어 성장주의, 제국주의, 백인중심주의, 남성중심주의라는 특정한 모델에 '보편성'을 부여한 역사에 저항할 수 있다고 강조한다. 그리고 이 상호보완적 과정에서 여행자들 간의 상호학습이 더 건강한 정체성과 경로를 형성함으로써 멕시코 원주민운동 사파티스타Zapatista가 "많은 세계를 포함하는 하나의 세계"라고 부르는 것을 북돋울 수 있다고 말한다.[30] 즉 이른 바 다중의 우주와 세계인 플루리버스Pluriverse다. 이 글 안에서도 여러 페미니스트들의 입장을 단편적으로 인용하고 있지만, 그들에게 꼭 에코페미니스트라는 이름을 붙이는 것은 아니며 그럴 필요도 없다. 기후위기시대에 부상하고 있는 신유물론 페미니즘이나 물질 페미니즘 같은 입장들은 더욱 그렇기도 하다. 인류세 시대를 살아가는 페미니스트들에게 중요한 것은 에코페미니즘 자체를 말하는 것보다는 에코페미니즘을 통해서 다른 세상을 꿈꾸고 실천하는 것이 아닐까? 아니, 기후위기시대를 살아가는 페미니스트라면, 누구라도 에코페미니스트가 되어가야 하는 게 아닐까?

정의로운 전환을 탈성장 돌봄사회로 이끌기

정 은 아

정의로운 전환은 내게

2020년부터 삼년째 정의로운 전환을 연구해오고 있다. 2023년에는 두건의 연구에 참여했는데, 연초에는 인천 영흥화력발전소 폐쇄 추진에 따른 정의로운 전환 연구에 참여했고, 연말인 현재는 정의로운 전환 법제화 사례 연구를 하고 있다. 왜 나는 정의로운 전환과 석탄화력발전소를 들여다보게 되었을까?

있는지도 몰랐던 단어가 나를 받아주는 기분을 아는가? 정의로운 전환이 내게 그랬다. '정의로운 전환'이라는 말을 처음 읽을 때, 방울이나 껍질 안으로 빨려 들어가는 기분이 들었다. 포함되는 기분이었다. 오랜만에 느끼는 감각이었다. 내가 이미 그들 중 하나라는 감각, 받아들여지는 감각 말이다.

젊은 퀴어 여성으로 살아오면서 얻은 방어기제가 있다. 어떤 주장이나 사람, 공간이 안전한지 순간마다 판단한다. 나를 이해할 사람인가? 내가 얼마나 나 자신으로 있어도 되는 곳인가? 내가 남과 동등하게 대우받을 수 있는가? 나를 배제하는 주장은 아닌가?

그러니 나는 정의로운 전환을 만난 순간부터 그를 짝사랑할 수밖에 없었다. 정의와 전환에서 동등함과 포함됨의 가능성을 엿보았으므로. 내게 정의로운 전환은 산업전환이나 고용보장 이상이다. 성차별적인 노동시장에서 이미 노동시장에 편입된 존재, 즉 높은 확률로 비장애 이성애자 한국남성일 기존 노동자만의 고용문제로 정의로운 전환을 축소하고 싶지 않다. 고용보장이 덜 중요해서가 아니다. 정의로운 전환이 담아낼 수 있는 교차성과 상호연결성의 혁명적인 가능성을 여전히 믿기 때문이다. 부정의를 내포하는 정의란 성립할 수 없는 것이니, 정의로운 전환은 젠더정의 역시 포함해야 한다. 나는 정의로운 전환 안에서 젠더정의를 이야기할 수 있다고, 정의로운 전환을 성평등과 녹색 전환의 접점으로 만들 수 있다고 믿었다. '아무도 배제하지 않는, 모두를 위한 전환'이라는 표현이 좋았다. 여성이고, 퀴어이고, 몸이 약한 나 같은 존재도 남과 동등하게 고려되는 전환의 방식을 찾았다고 생각했다.

우리 삶은 이미 서로 연결되어 있다. 타인의 고통은 내 미래다. 지금은 석탄화력발전소 발전 비정규직이 먼저 해고되지만, 공기업이나 대기업 정규직이라고 해고의 두려움에서 완전히 자유롭진 않다. 결국은 모두가 겪게 된다. 그래서 정의로운 전환의 경계를 확장하다 보면 어떻게 노동할 것인지, 나아가 삶을 어떻게 살 것인지라는 질문까지도 만나게 된다. 환경문제가 대두되던 시기 정의로운 전환 개념을 이끌어낸 미국의 노동운동가 토니 마조치^{Tony Mazzocchi}는 물었다. 어떻게 덜 유해하고 더 안전하게 노동할 것인가? 기후위기 시대에 우리는 스스로에게 물어야 한다. 어떻게 덜 유해한 존재가 될 것인가? 정의로운 전환은 인간과 인간, 인간과 자연의 사이 일방적인 착취로 이루어진 관계를 호혜적 관계로 바꾸는 전환이어야 한다. 생태적이고 평등한 사회를 위한 변화여야 한다. 그러니 돌봄, 사회 재생산, 체제 전환은 정의로운 전환과 에코페미니즘의 교집합이 될 수 있다.

정의와 전환을 이야기하는 이유

석탄화력발전소 폐쇄는 정의로운 전환의 시험대 그 자체다. 그간 한국의 석탄화력발전소 중 충청남도 보령시 보령화력발전소 1·2호기(2020년 12월), 경상남도 고성군 삼천포석탄화력발전소 1·2호기(2021년 4월), 전라남도 여수시 호남석탄화력발전소 1·2호기(2021년 12월)가 폐지됐다. 총 60기 중 삼천포 3·4호기(2024년 예정), 보령 5·6호기와 태안 1·2호기, 하동 1호기(이상 2025년 예정)를 포함해 절반인 30기가 2034년까지 순차적으로 가동을 멈출 예정이지만, 이산화탄소 감축을 위해서는 나머지도 모두 조속히 폐쇄해야 한다. 그런데 여기서 '조속히'라는 말이 감추는 진실이 있다. 전환은 우아하지 않다는 것이다. 석탄화력발전소 폐쇄에는 생계가 걸려 있고, 미래가 걸려 있고, 탄가루와 매캐한 냄새, 연기, 울퉁불퉁 파인 도로, 높은 굴뚝이 걸려 있고, 지원금과 지역소멸과 세금이 걸려 있고, 정년이 걸려 있고, 가능성이 걸려 있고, 가족과 정주定住가 걸려 있다. 발전소 폐쇄 논쟁은 첨예한 이해관계가 각축하는 장이다. 자긍심과 무력함, 분노와 걱정이 뒤얽혀 있다.

노동자와 지역공동체 입장에서 석탄화력발전소 폐쇄는 환영과 우려라는 양가감정을 불러일으킨다.[1] 원한 적도 없는데 지어놓고[2] 말도 없이 문을 닫는다. 사는 사람의 의사도 일하는 사람의 의사도 고려되지 않는다. 폐쇄 시기, 부지 사용계획, 노동자와 지역주민을 위한 생계 대책 같은 정보도 좀처럼 공개되지 않는다.[3] 왜 이들에게는 자신의 삶에 큰 영향을 미치는 결정에 의견을 표시할 권리가 없을까? 왜 이들에게도 공공의사결정에 참여할 자격과 이성이 있다고 인정해주지 않을까? 석탄화력발전소의 건립과 폐쇄는 발전소를 중심으로 삶을 영위하는 수많은 사람을 자신의 삶에서까지 주변화한다. 전환의 중심에 설 수 있는 존재들을 수동적인 피해자나 기후대응의 반대자로 치부한다. 화석연료는 태우는 순간만이 아니라 멈추는 순간에도 일방적이다.

석탄을 때워 공장을 돌리고 학교에 불을 밝혀 노동자를 길러낸 한국 경제는 철강, 자동차, 전자, 정유라는 온실가스 다배출 산업 위에서 세워졌다.[4] 한강의 기적의 동력원은 석탄이다. 석탄에서 출발한 온실가스 다배출 제조업 위주의 경제구조는 노동하고 군대에 가는 남성을 표준으로 설계되어 여성을 배제한다. 2020년 기준 온실가스 배출량 세계 13위, 이산화탄소 배출량 세계 12위에[5] 달하는 한국의 경제구조는 자연만 파괴하는 것이 아니라 여성을 지우면서 만들어졌다.

탈석탄 전환은 단순히 에너지원 비중만을 조정하는 일이 아니다. 탈석탄 전환은 우리 사회가 나아갈 방향을 생각하게 하는 계기이자 경로이다. 어디로 가야 할까? 분명한 것은 우리의 종착점이 착취하지 않고, 덜 배출하고, 덜 생산하고, 덜 소비하는 사회, 서로가 서로를 돌보는 다정한 사회여야 한다는 것이다. 그리고 그곳에 도착하기 위해서는 에코페미니즘의 상상력이 필요하다.

정의로운 전환을 정의롭게

정의로운 전환이란 무엇일까? 한국정부의 정의定義는 이렇다. "탄소중립사회로 이행하는 과정에서 직·간접적 피해를 입을 수 있는 지역이나 산업의 노동자, 농민, 중소상공인 등을 보호해 이행 과정에서 발생하는 부담을 사회적으로 분담하고 취약계층의 피해를 최소화하는 정책 방향."[6] 이것은 가장 기본적인 서술이고, 정의로운 전환이 무엇이고 어때야 하는지에 대한 입장은 보다 다양하다. 정의로운 전환 개념은 그 형성의 역사와 맥락 안에서 보자면 덜 유해하고 덜 환경파괴적인 경제로 이행하는 과정에서 의도치 않게 발생하는 노동자와 지역공동체의 피해를 최소하고 대안을 마련하는 것이다.

여기서 핵심은 '덜 유해하고' '괜찮은' 일자리 마련이다. 그럴듯한 대안을 여기서 보장받지 못하면 노동자가 전환의 반대편에 서게 될 수 있다. 역으로, 최소한 원래 일자리보다 나쁘지 않은 일자리를 구할 수만 있다면 노동자도 온실가스 감축이라는 대의와 주변 환경 변화를 위한 흐름에 올라탈 수 있다. 지역공동체도 실업률 증가, 인구 유출, 세수 감소 같은 상황은 없을 것이라고 약속받을 수 있다면 더 기꺼이 중앙정부의 정책에 따를 것이다. 탄광·발전소·내연기관차와 공급사슬로 묶여 있는 하청업체 노동자들을 위한 실업 대책과 직업교육 마련, 지방정부 및 기업에의 지원 제공이 정의로운 전환 정책의 골자로 제시된다. 한국의 예를 들면, LNG발전소 대체 건설이나 대규모 해상풍력발전단지 설치 등을 통해 일자리 상실 및 세수 손해를 보완하려고 하는 충청남도 보령시가 있다.

　정의로운 전환은 미국 노동운동에서 환경과 노동의 적대적 관계를 전환하려는 시도에서 출발했다. 1990년대 이후 기후위기와 함께 국제적 확장세에 탄력을 받았고, 최근 기후정의 담론과 만나면서 사회경제적 불평등을 해소하는 급진적 사회 전략으로 변화하고 있다.[7] 하지만 현실에서 정의로운 전환의 주류 담론은 고용보장이다. 담대한 이상과 현실의 노력에도 불구하고, 정의로운 전환은 비교적 고임금을 받는 전통적인 제조업 정규직 종사자인 남성 노동자의 고용 불안정 대책을 핵심으로 한다. 정의로운 전환을 정의롭게 하자는 주장은 정의로운 전환이 내포하는 '불평등한 현상의 유지'에 대한 문제 제기다. 정의로운 전환은 노동과 환경이 적대관계가 아니라는 획기적인 인식 변화를 가져왔다. 그러나 노동과 환경의 관계가 바뀐다고 한들 노동 자체를 동시에 재구성하지 않는다면, 몸과 몸 사이, 일과 일 사이의 위계는 바뀌지 않는다. 노동 자체가 특정 성별·몸·인종·계급의 몸을 표준화해 구성되어 있기 때문이다. 가령 화력발전소에는 대다수가 중장년·비장애인·기혼 남성이며 이른바 '핵심업무'라 불리는 터빈을 담당하는 정규직 노동자와, 운송·정비·청소·경비 등 '비핵심업무'를 맡는 비정규직 남성 및 고령 여성노동자 사이에 중층화된 위계질서가 있다.[8] 40~50도씨에 이르는 고열과 기계 소음 속에서 터빈을 청소하는 고령 여성노동자들은 제대로 된 교육이나 장치도 없이 높은 환풍기에 올라가고 유해한 약품을 사용해야 한다. 그러나 '비핵심업무'를 담당하는 간접고용된 여성노동자들이 일터에서 마주하는 위험은 비가시화되고, 이들의 안전은 후순위로 밀려난다.

　노동 자체가 분절적·위계적으로 구성되어 있는 한, 친환경산업으로의 전환은 불충분한 변화다. 다시 말해, 정의로운 전환은 이행만을 논하는 데서 멈추지 않고, 그래서 어떤 세상으로 나아갈 것인지를 동시에 제시해야 한다. 목적지를 상정하지 않고 길을 택할 수는 없다. 한번 택한 길은 변화될 사회의 가능성에 조건을 지을 것이므로 어떤 전환 경로를 택하는지는 어떤 미래를 현실로 만들지와 뗄 수 없는 결정이다. 정의로운 전환을 체제 자체에 대한 변혁으로 연결하려는 시도는 물론 있다. 정의로운 전환이 자본주의체제 변혁[9]이나 탈성장으로 이어져야 한다[10]는 주장이다. 그러나 여전히 어딘가 부족하다. 여기서 더 나아갈 수는 없을까? 노동시장에 이미 진입한 사람들 간의 공평을 넘어, 경제체제에 대한 논의를 넘어, 사회를 구성하는 정치·경제·문화 전체의 변화, 그야말로 체제 변화에 대한 논의를 할 수는 없을까?

한국처럼 성별분업이 강고하고, 그에 따른 성별 임금격차가 OECD 최고 수준이며, 비공식경제와 불안정노동에 여성이 다수 종사하는 나라에서 저탄소경제로의 이행은 가뜩이나 취약한 처지에 있는 여성들에게 더욱 위협이 될 가능성이 농후하다. 석탄화력 발전소가 폐쇄될 때, 청소노동자는 어디로 갈까? 실직할 가능성이 압도적으로 크다.[11] 일자리를 제공하는 발전소나 공장이 지역에서 빠져나간 후, 지역의 여자들은 어디로 갈까? 원래도 수도권이 아닌 지역에서 여성이 질 좋은 일자리를 찾기란 하늘에서 별 따기지만,[12] 더욱 힘들어질 것이다. 실직한 가장의 울분은 누가 달래줄까? 결혼을 했다면 아내가 감정노동을 떠맡을 것이다.[13] 왜 이런 질문들은 정의로운 전환 논의에서 중요하게 다루어지지 않을까?

정의로운 전환에서 지워지는 여성

여성은 자신의 삶을 스스로 선택하고 결정할 권리를 가지려고 수백년을 싸워왔다. 자신을 둘러싼 환경이 변하고 있는데도 그에 대해 아무런 영향력도 발휘할 수 없다면, 여성에게는 과연 주체성이 있는 걸까? 정치공동체의 일원으로서 동등한 시민권을 행사하고 있다고 할 수 있을까?

전환이 미치는 영향은 성별화된다. 여러 방면에서 사회경제적 성차별이 만연한 탓이다. 첫째, 전환 대상인 대규모 제조업 기업의 일자리가 남초다. 강고한 성별분업 때문이다. 둘째, 비공식노동에 여성이 남성보다 많다. 비공식노동은 사회보장이 부족하고, 정책 대상으로 여겨지거나 조직화되기 어려워 전환의 타격을 흡수할 안 전망이 없다. 셋째, 여성이 많으면서 전환의 대상이 될 수 있는 관광업·도소매업·섬유산업 등은 상대적으로 관심을 덜 받는다. 넷째, 관리자급·이사회·정치인에 남성이 많다. 여성의 대표성이, 자원과 정보가 부족하므로 여성은 논의가 이루어질 때 참여하지 못하거나, 자신의 문제를 반영시키지 못한다. 다섯째, 질 좋은 일자리는 수도권에 쏠려 있어 지역일수록 좋은 일자리가 부족하고, 여성에게는 더 부족하다. 산업전환으로 지역경제가 축소되면 상황이 악화된다. 여섯째, 양육·가사·감정노동은 현실에서 거의 전적으로 여성의 몫인데, 전환 과정 중 그리고 그 이후에 일어날 돌봄의 문제는 정책의 고려 대상에서 배제된다. '노동자'의 일도, 지방정부의 일도 아니기 때문이다.

이러한 이유로 전환의 영향은 성별에 따라 다르게 나타나며 부담은 여성에게 더 무겁게 지워진다. 남성의 실업률이 더 높게 나타날 수는 있지만, 여성은 불안에 시달리는 남편이나 애인의 감정을 받아주고, 생계부양의 책임을 떠맡으면서, 여전히 가사노동과 육아를 전담하고 있을 가능성이 크다. 노동자 개인에만 집중하면 이런 여성 배우자의 고충은 지워진다. 전환은 현실에서 일어나기 때문에 이렇듯 현실에 존재하는 문제들이 전환 과정에서 지속되거나 심화될 수 있다. 게다가 전환으로 인한 실업률이 남성에게 더 높게 나타날 수 있다는 이야기도, 여성이 경제적 충격을 받지 않는다는 뜻은 아니다. 세계적으로 비공식노동을 하는 여성이 많다는 것은 곧 실업률 통계에서 여성이 사라지고, 전환 과정에서 공적 보호와 정부 지원에서 소외될 수 있으며 회복도 더디다는 말이다.[14]

석탄화력발전소를 다시 보자. 양육 책임을 맡은 기혼여성이라면, 특히나 협력업체 소속이라면, 일자리를 잃지 않겠다고 가족과 떨어져 이주할 유인이 적다.[15] 정규직이어도 고민할 일인데, 전환 배치 이후의 부담을 감수할 정도로 협력업체 일자리가 임금이 높거나 매력적이지 않다. 발전소에서 일하는 여성은 대부분 해당 지역 출신에 고령이고 발전사의 자회사 소속인 청소노동자다. 앞서 경제가 침체된 지역에서 여성에게 좋은 일자리는 드물다고 했다. 종합하면 여성노동자가 발전소 폐쇄 후 새로운 지역으로 이주해서 일자리를 구하거나 재취업을 하기가 쉽지 않다는 뜻이다.[16] 그들은 고스란히 실업자로 남게 되거나, 가정으로 돌아가거나, 더 열악한 자리로 간다.

1920~1940년대 및 1980년대 영국과 1980~2000년대 미국의 폐광 사례연구는 여성들에게 미친 의도치 않은 영향 및 여성 역량 약화를 보여준다. 남편이 해고되자 여성들이 생계를 떠맡게 되었고, 주로 저임금의 불안정 직종인 서비스업에 종사하게 됐다. 공공돌봄이 축소되며 여성의 돌봄 부담이 증가했다. 가정폭력, 이혼, 여성의 감정노동 역시 늘었고 정신건강은 악화됐다.[17] 생계 부양에 돌봄에 감정노동까지, 삼중노동이다. 당시 영미의 탄광 폐쇄 앞에서, 노동조합 등 기존 제도에서 배제된 여성들은 제도를 우회하고 넘나들면서 대응 활동을 벌였지만 크게 조명받지 못했다.[18]

이외에도 식음료업이나 소매업에 많이 종사하는 여성들이 탈석탄 전환에 따른 지역 내 수요공급 사슬 변화로 직간접적인 피해를 입을 수 있다는 문제도 있다. 이러한 피해들이 탄소중립사회로의 전환 과정에서 엄연히 일어나지만 좀처럼 정의로운 전환의 관심사로 포착되지 않는다. 왜일까? 연구에 발을 담가본 사람으로서 느끼는 이유는, 현실에서 최소한의 최소한도 해결하기 어려운 문제들이기 때문이다. 지자체는 권한이 적고, 직접적인 경제적 타격에 대해서 우선 대안을 마련해야 한다. 기업은 구태여 폐쇄 이후까지 책임을 질 의지가 없다. 노조에는 부정적 이미지가 씌워져 있고 운신의 폭이 좁다. 지역주민은 중요한 결정에서 배제되어 있는데다가 서로 입장이 갈린다. 입장과 입장이 부딪힌다. 대화를 나누기도 조심스럽고 위태롭다. 의제 하나 덧붙일 틈을 못 찾겠다. 이런 상황에서 가족·여성노동·돌봄문제를 정의로운 전환의 논제로 다루려면 여성문제의 중요도에 대한 문제의식과 공감대가 있어야 한다. 목소리를 키워 지금보다 다양한 관점의 문제의식과 논제와 전략과 정책을 제안해야 한다. 페미니즘 관점에서 정의로운 전환, 탈석탄, 지속가능한 세계로의 이행에 관한 논의를 쏟아내고, 공감대를 넓혀나가야 한다.

전환 이후 새로운 세계관과 에코페미니즘의 자리

살펴본 것처럼 정의로운 전환은 만능열쇠가 아니다. 에너지원 전환의 과정과 결과상 정의로움을 넘어, 사회경제구조, 억압과 착취의 권력관계 및 인간과 자연 관계에서도 변화를 이끌어내기 위해서는 새로운 틀이 필요하다. 이 틀은 특히 정의로운 전환 안에 다 담아낼 수 없는 페미니즘의 사유와 이상을 담을 수 있어야 한다. 정의로운 전환으로 주장할 수 있는 성평등한 세상의 조건은 한정적이기 때문이다. 정책결정 과정의 부족한 여성참여, 과학·기술·공학·수학STEM으로 대표되는 기술과학 분야의 남성 편향, 노동·경제의 성차별 의제는 친연성이 있다. 이런 문제들을 해결하면 그것으로 끝일까? 여성이 남성과 동등하게 일하고 말할 수 있게 되면 충분할까? 여성이 재생에너지 업계에서 이사직까지 올라가면, 지역의 녹색 일자리에서 높은 임금을 받고 일할 수 있게 되면 성평등하고 지속가능한 환경이라고 말할 수 있을까?[19] 정의로운 전환 담론 내에서 할 수 있는 주장은 여성이 차별 없이 일할 수 있게끔 하라는 것 정도에 가깝다. 정의로운 전환의 역사성이나 사용되는 맥락 및 사용 주체가 일자리와 노동으로 수렴하는 경향이 있기 때문이다. 그러나 페미니즘이 그리는 새로운 세상은 그보다 크다.

　동등한 정치·경제적 권리가 중요하지 않다는 뜻은 아니지만, 기후위기 앞에서도 그것만이 유효한 미래일까를 질문하는 것이다. 왜 기후위기라는 전대미문의 변화 앞에서도 여전히 기후위기를 야기한 바로 그 체제 아래에서 모두가 똑같은 임금과 기회와 욕망을 반드시 보장받아야 한다는 논의만 되풀이하는 것일까? 기후위기는 일어나고 있다. 다른 미래를 현실로 끌어와야 한다. 정의로운 전환의 몰성적인 '정의'justice를 젠더화하는 것만큼이나, 그에 매몰되지 않고 다음을 같이 얘기할 수 있어야 한다.

이를테면 여성노동자가 전환 과정에서 피해를 덜 받도록 돌봄 서비스를 제공하고 여성노동자를 집 근처로 전환배치하라고 제안하는 동시에, 모두가 여성처럼 돌보면서 살자고 제안할 수 있겠다. 급진적으로, 기후위기에 걸맞게, 돌봄을 중심으로 성별과 종을 넘어 세상을 정의롭게 직조하자고도 말해야 한다. 남성이 여성을, 인간이 자연과 동식물을 착취하는 자본주의에서 벗어나야 한다.[20] 줄어든 가용자원을 공공서비스와 복지에 투자해서 개개인이 덜 소비하고, 덜 소유하고, 덜 생산하게끔 정책 우선순위를 바꿔야 한다. 더 행복해지고, 진정으로 넉넉해지도록.[21]

나는 정의로운 전환이 서로를 돌보는 탈성장 사회로 가는 좋은 경로라고 생각한다. 정의로운 전환에서 탈성장 돌봄사회로 이어지는 흐름은 내게 자연스럽고 논리적이었다. 정의로운 전환을 다루다보니 노동시장에 편입되지 않거나 비가시화된 노동인 여성노동이 보였고, 여성노동에 관심을 기울이다보니 돌봄노동과 임금노동이라는 이분법 자체에 의문을 품게 됐다. 노동과 삶을 조직하는 방식 자체에 문제의식을 가지면서 서로가 서로를 돌보는 존재로서 살아가는 미래를 그리게 됐다. 정의로운 전환이 경로라면 탈성장 돌봄사회는 목적지다. 페미니즘에서 정의로운 전환을 차용할 수 있다면, 기존 정치·경제체제를 성평등하게 전환하는 경로로 소환하는 형식일 것이다.

우리가 더 많은 일자리와 임금과 노동시간 대신, 서로를 돌보는 삶을 선택하면 좋겠다. 성장과 채굴, 착취 대신 호혜와 돌봄, 사랑을 선택하면 좋겠다. 좀더 오래 서로의 곁에 머물 수 있도록.

2부

흙과 자급의 기쁨

인류세의 퇴적물과 흙의 시학

나 희 덕

21세기의 흙과 생명의 감각

21세기의 흙은 무엇으로 구성되어 있는가. 2016년 『사이언스』에
는 얼 엘리스 Erle Ellis를 비롯한 연구진이 그린란드 빙하 지역의 퇴적
물 단면을 시각화하고 그 성분을 분석한 논문이 실렸다. 그 퇴적물
에는 "기후변화로 빙하가 녹으면서 이끼 등 유기 조직물이 빙하 위
를 덮고 그 아래 흙, 유기물과 뒤섞인 플라스틱 찌꺼기, 콘크리트
잔해, 혼합시멘트, 핵물질, 살충제, 금속 성분, 바다로 유입된 비료
반응성 질소, 온실가스 농축 효과의 부산물 등"[1]이 포함되어 있었
다. 지구온난화로 일어난 지질층의 변화를 보여주는 이 퇴적물은
인류세 시대의 기후위기에 대한 강력한 경고라고 할 만하다.

그런가 하면 지질학자 데이비드 몽고메리 David R. Montgomery는 흙의
침식이 생태계와 인간사회에 미치는 영향에 대해 깊은 우려를 나

타냈다. 몽고메리에 따르면 농경이 시작된 이래 인간의 문명은 흙을 잃어가고 고갈시킨 대가로 성장해왔다. "해마다 전세계에서 사라지는 흙은 240억톤"[2]에 이르는데, 사람들은 그 침식 속도가 느리기 때문에 잘 알아차리지 못한다. 그러나 흙의 생성보다 침식이 훨씬 빠른 속도로 진행되고 있고, 지구의 얇은 토양맨틀soil mantle이 지금의 속도로 침식된다면 몇세기에 걸쳐 축적된 흙이 십년도 안되어 사라질 수 있다고 한다. 그야말로 인간이 하루하루 '지구의 살갗'[3]을 벗겨내고 있는 것이다.

토양 침식의 주요 원인으로는 숲의 훼손, 플랜테이션 농업의 경작방식과 농기계, 석유에 의존한 화학비료와 살충제의 사용 등을 들 수 있다. 경작할 수 있는 땅은 갈수록 줄어들고 석유도 고갈되어 가는 현실에서 이런 식의 산업농이 언제까지 지속될 수 있으리라고는 그 누구도 장담할 수 없다. 몽고메리는 그 대안으로 농업방식의 전환과 함께 토지 윤리, 슬로푸드, 지역 농산물 먹기 운동 등을 제안한다. 그런데 이러한 방법론 못지않게 그가 강조하고 있는 것은 흙에 대한 인식의 전환이다. 『흙』의 원제는 Dirt인데, 여기엔 우리가 흙을 'dirt'처럼 더럽고 하찮은 것 또는 쓰레기로 여겨온 것은 아닌가 하는 반문이 포함되어 있다. 이 책은 다음과 같이 끝난다.

오늘날 흙을 보존하려는 노력들은 고대사회가 그랬듯이 너무 미약하거나 너무 늦은 것일까? 또 우리는 농지의 흙을 보존하면서도 더욱더 집약적으로 이용하는 방법을 다시 배우게 될 것인가? 우리 문명의 수명을 연장하려면 흙을 산업 공정의 투입물로 보지 말고 물질적 부를 만들어내는 살아 있는 토대로서 존중하도록 농업을 재편성해야 한다. 이상하게 들릴 수도 있겠지만 문명의 생존은 흙을 투자 대상이나 상품이 아니라 소중한 유산으로, 하찮고 더럽지 않은 어떤 것으로 대하는 데 달려 있다.4

현대인은 땅을 투기 대상이나 상품으로 소유하려고 들지만, 그 땅을 이루고 있는 흙에 대해서는 더럽고 비위생적인 물질로 여기는 이중적 태도를 지니고 있다. 그리고 우리의 생존이 흙에 얼마나 기대고 있고 흙 속에 얼마나 다양한 유기체들이 깃들어 살고 있는지에 대해서는 관심을 기울이지 않는다. 흙은 식물과 동물, 미생물들이 공존하며 생명의 순환적 질서를 만들어내는 터전이자, 썩은 물질을 정화하고 새로운 양분을 만들어내는 필터 역할을 해왔다. 몇센티미터의 비옥한 흙이 만들어지는 데는 천년이 넘는 세월이 필요하다고 한다. 하지만 흙에 깃들어 있는 생명의 역사와 생물다양성을 살아 있는 감각으로 느끼기에는 우리가 뒤집어쓰고 있는 문명과 자본의 외투가 두껍기만 하다. 그런 무감각 속에서도 시인들은 흙의 변화에 유난히 민감하게 반응하고, 그 감각적 깊이와 새로움을 탐구한다.

한 숟가락 흙 속에
미생물이 1억 5천만 마리래!
왜 아니겠는가, 흙 한 술,
삼천대천세계가 거기인 것을!

알겠네 내가 더러 개미도 밟으며 흙길을 갈 때
발바닥에 기막히게 오는 그 탄력이 실은
수십억 마리 미생물이 밀어올리는
바로 그 힘이었다는 걸!

　　　　　　　　　　　— 정현종 「한 숟가락 흙 속에」 전문**5**

　시인은 아스팔트가 아니라 흙길을 맨발로 밟으며 발바닥에 실려
오는 흙의 탄력성에 감탄한다. 그 생명력은 한 숟가락의 흙 속에 들
어 있는 1억 5천만마리의 미생물이 밀어 올리는 힘이다. 눈에 보이
지 않는 미생물의 존재를 인식하는 순간 "흙 한 술"은 "삼천대천세
계"로 확장된다. 21세기의 흙이 플라스틱과 콘크리트와 핵물질과
화학성분이 퇴적된 채 병들어간다 할지라도, 이렇게 남아 있는 흙
의 생명력을 노래하는 일은 여전히 시인에게 주어진 권리이자 책
무라고 할 수 있다. 또다른 시에서 정현종 시인은 이렇게 탄식하기
도 한다.

　가을 햇볕에 공기에
　익는 벼에
　눈부신 것 천지인데,
　그런데,
　아, 들판이 적막하다 —
　메뚜기가 없다!

오 이 불길한 고요 —

생명의 황금 고리가 끊어졌느니……

— 정현종 「들판이 적막하다」 전문**6**

　이 시를 읽으니, 화학비료나 살충제에 의해 1,082종의 메뚜기 중 25퍼센트 이상이 멸종될 것이라는 연구 결과가 떠오른다. 흙이 오염되면서 메뚜기뿐 아니라 들판에 깃들어 살아가는 수많은 생물 종들이 사라져가고 있다. 맑은 가을날 들판을 지나며 시인은 문득 "불길한 고요"를 느낀다. 예전에 지천으로 보이던 메뚜기가 '없다'는 사실의 자각은 "생명의 황금 고리가 끊어졌"다는 인식으로 나아간다. 앞의 시에서 흙의 생명력에 감탄하는 모습과 이 시에서 파괴된 생태계에 대해 탄식하는 모습은 서로 다른 것이 아니다. 그만큼 시인의 감각이 생명에 예민하게 반응하고 작은 현상을 통해 전체적 연결고리를 읽어내고 있다는 증표일 것이다.

　이처럼 현대 시인은 대지의 남아 있는 생명력과 유기적 질서를 노래하는 동시에, 오염되고 파괴된 자연에 대한 고통스러운 증언자이자 고발자 역할을 해왔다. 이제 시인은 '흙'을 전지구적 생태위기를 대변하는 '물질'로 바라보고 그 회복을 모색하는 데 관심을 기울여야 한다. 오늘날 인간의 불행이나 소외는 우리 존재가 흙에서 왔으며 자연의 일부라는 사실을 망각하는 데서 비롯되었는지 모른다. 성서에서 하느님이 흙으로 인간을 빚었다는 것, 그리고 사람을 뜻하는 라틴어 호모Homo가 살아 있는 흙을 뜻하는 후무스Humus에서

왔다는 것을 떠올려보자.

저는 사람은 본래 흙으로 만들어졌다고 하는 말이 조금도 과장이 아니라고 생각하는데요. 그렇다면 흙의 마음이 우리의 마음속에 들어와 있는 것도 틀림없다고 봅니다. 어떤 책에서, 어느 땐가 몹시 불안하고 마음이 편치 않았을 때 우연히 흙을 만지작거렸더니 어느새 마음이 평온해지는 경험이 이야기되고 있는 것을 읽은 적이 있는데, 이런 일은 실제로 사람의 존재가 흙에 뿌리박고 있다는 사실을 떠나서는 설명이 안 될 겁니다. 우리는 시가 제공하는 감동을 제대로 수용하려면 우리 자신이 흙이나 자연 또는 우주와 떨어져 있는 존재가 아니라는 자각에 철저해야 할 것으로 생각합니다.[7]

김종철은 이러한 생태적 깨달음이 살아 있는 감수성으로 작용할 때만 진정한 것이 된다고 강조한다. 환경문제가 심각해졌다는 사실을 머리로만 아는 것이 아니라 정말 마음으로 느끼고 감수성의 변화로까지 이어져야 이 사태를 극복할 수 있는 의식과 행동의 변화도 생긴다는 것이다. 생태적 감수성의 회복을 위해서는 시적 상상력과 사유가 그 어느 때보다 필요하다고 그는 말한다. "시적 사유의 본질에는 어떠한 인공적인 조작물로도 대체할 수 없는 세계의 근원적인 아름다움과 풍요로움에 대한 본능적 인식이 내재해 있다"[8]고 믿기 때문이다. 그런 점에서 '시적 인간'과 '생태적 인간'은 동의어에 가깝다.

흙의 생명력에서 인류세의 퇴적물로

내가 시인으로서 살아온 여정 속에서도 '흙'은 핵심적인 물질이고 화두였다. 등단작 「뿌리에게」[9]에서부터 '흙'이 화자로 등장한다. 대학교 2학년 학기 초였던가. 학교 뒷산에 올라갔다가 김을 내뿜으며 녹기 시작하는 흙의 생명력에 감전되어 이 시를 순식간에 써내려갔다. 내 속의 흙이 얼음에서 풀려나며 말하는 소리를 받아적은 것이다. "깊은 곳에서 네가 나의 뿌리였을 때/나는 막 갈구어진 연한 흙이어서/너를 잘 기억할 수 있다/네 숨결 처음 대이던 그 자리에 더운 김이 오르고/밝은 피 뽑아 네게 흘려보내며 즐거움에 떨던/아 나의 사랑을"로 시작하는 시를. 그때만 해도 대지의 충만한 사랑과 생명력이 내 속에 남아 있었다.

하지만 세월이 흐르면서 내 시 속의 '흙'은 점점 말라가고 푸석해지고 더이상 생명을 키워낼 수 없도록 척박해져갔다. 그 불모성은 훼손되어가는 자연의 실제적인 상태를 반영한 것이기도 하고, 세상에 부딪치고 상처 입으면서 만들어진 내면적 상태이기도 하다. 「뿌리로부터」[10]에서는 나를 지탱해주던 대지적 기반으로부터 벗어나 더 희박한 허공으로 탈주하려는 의지가 드러난다. 뿌리를 향하던 마음이 뿌리로부터 벗어나 더 위태로운 실존의 모험을 감행하는 것이 새로운 시의 자리를 찾는 길이라 여겼던 듯하다. "한때 나는 뿌리의 신도였지만/이제는 뿌리보다 줄기를 믿는 편이다"로 시작하는 이 시에서 나는 이미 '연한 흙'이 아니라 뿌리에서 가장 멀리 도망치며 "허공에서 길을 잃어버린 지 오래된 사람"이 되고 말았다.

그런데 지난 삼십여년 동안 나의 시는 과연 흙의 마음에서 멀어진 것일까. 다시 생각해보니, 그 불모화의 과정은 지구의 흙이 온통 파헤쳐지고 착취당하고 온갖 오염물질들로 끙끙 앓아온 과정과 고스란히 겹쳐진다. 나의 내면과 시가 병든 흙과 함께 앓아왔던 것 같다. 세계가 깊이 병들어가는데 변함없이 아름다운 자연을 노래하는 서정시를 쓴다는 것이 오히려 더 기이하지 않은가. 흙의 생명력에서 시작된 나의 시세계는 오늘에 이르러 인류세의 퇴적물을 고통스럽게 직시하고 있다.

예를 들어 「플라스틱 산호초」는 마르텐 반덴 아인드^{Maarten vanden Eynde}의 설치작품 「플라스틱 산호초」(2008~2013년)를 모티프로 삼아 토양과 해양을 두루 오염시킨 '플라스틱'이라는 물질에 주목한 시다. "아주 가볍고 단단하고 질기고 반짝이고 게다가 값이 싼" 이 새로운 물질에 열광했던 인류는 이제 플라스틱 없이는 살 수 없는 '플라스틱 중독자' 또는 '플라스틱-인간'이 되어버렸다. 점점 뜨거워지는 바다와 대기 속에서 많은 생명체가 위험에 처해 있고, 깊은 바닷속의 산호초에도 백화현상이 광범위하게 나타나고 있다.

이 시는 땅과 바다의 오염을 고발하는 데 그치지 않고, 산호초의 죽음을 애도하거나 세상에 알리는 예술가들의 작업을 후반부에 언급한다. 지금도 세계 곳곳에서 "누군가는 바다 쓰레기를 녹여 플라스틱 산호초를 만들고/누군가는 모여 앉아 실로 산호초를 짜고 있고/누군가는 플라스틱 만다라를 그리고 있"다. 시적 화자의 탄식

처럼 "결국 플라스틱 지층으로 발굴될 우리의 세기, 제기랄 썩지도
않고 불멸할" 것이지만, 그래도 파국을 막기 위한 예술적 수행성이
나 실천을 포기할 수는 없다.

아주 가볍고 단단하고 질기고 반짝이고 게다가 값이 싼
새로운 물질에 인류는 열광했지

눈비에도 새지 않고 썩지도 않는 이 화합물에
녹을지언정 쉽게 부서지지 않는

땅속에바다속에공기속에벽속에박힌인터넷케이블
물을보내고저장하고걸러내는PVC관
나일론염화비닐아크릴폴리머섬유플리스섬유자일로나이트
폴리에스테르폴리우레탄폴리에틸렌폴리스티렌폼폴리카보네이트

우리는 모두 플라스틱 중독자

앤디 워홀은 플라스틱을 사랑한다고 플라스틱이 되고 싶다고 했지
다양한 폴리머들로 온몸을 감싼 채 걸어가는
우리는 플라스틱-인간

깊은 바닷속의 산호초도 미세 플라스틱을 삼키고
창백해져가고 있어 죽어가고 있어

산호초를 애도하기 위해

누군가는 바다 쓰레기를 녹여 플라스틱 산호초를 만들고

누군가는 모여 앉아 실로 산호초를 짜고 있고

누군가는 플라스틱 만다라를 그리고 있지

바다에서 벌어지고 있는 어떤 죽음을 알리기 위해

어쩌면 바다를 애도하기 위해 산호초들이

흰 옷을 입고 있는지도 몰라

점점 뜨거워지는 바닷속에서

산호초는 백색 플라스틱 화합물이 되어가고

점점 뜨거워지는 대기 속에서

인간은 색색의 플라스틱 화합물이 되어가고

결국 플라스틱 지층으로 발굴될 우리의 세기, 제기랄 썩지도 않고 불멸할

— 나희덕 「플라스틱 산호초」 전문[11]

2000년대 이후 한국시에 나타난 변화를 떠올려보아도 그렇다. 자연이라는 매트릭스에 안주하거나 자연과의 낭만적 동일화를 넘어, 파괴되고 오염된 세계의 실상을 직시하고 증언하는 시들이 계속 쓰이고 있다. 그 시들은 상실의 고통 속에서 부르는 비가悲歌이

자, 죽거나 희생된 존재들을 애도하는 만가輓歌다. 대지의 여신 데메테르가 하데스에게 딸을 빼앗기고 스스로 불모의 땅이 되어 불렀던 슬픔의 노래다. 시는 순하고 부드러운 흙에서 태어났으나 더러워지고 병들어가는 흙 속에서도 끝내 그 자리에 남아 있을 것이다. 흙의 마음이 곧 시의 마음이기에.

땅에서 시작되는 여성소농운동

김 신 효 정

기후위기로 인한 농업과 식량문제

기후위기에 대한 수많은 비관적 예언 속에서 에코페미니즘은 어떤 새로운 방향을 제시하고 있을까? 왜 에코페미니즘은 하나의 대안으로서 여성소농의 자급에 주목해온 것일까? 왜 나는 에코페미니즘을 통해 여성농민 연구를 하고 있을까? 나는 여성학 연구자이자 에코페미니즘 연구·활동가로 지난 십오년간 여성농민, 먹거리 공동체, 에코페미니즘, 기후위기를 둘러싼 다양한 질문을 제기하고 가능한 응답을 모색해왔다.

나는 2000년대 후반 시작된 한국 여성농민의 식량주권운동과 농생태학운동을 연구해왔다. 여성농민들은 생태농업 실천운동인 농생태학운동을 통해 땅과 공동체, 지역의 전환을 이끌어내고 있었다. 이는 기후위기에의 대응이자, 생태적이고 시민적인 실천과 변화를 만들어내는 움직임이었다. 나는 연구자이자 활동가로서, 이러한 변화 및 발전을 **생태적 전환 과정**이라 명명했다. 초국적 여성 소농운동의 생태적 전환 운동을 연구하면서 내가 원한 것은 여성 농민운동과 페미니즘운동을 연결하고, 무엇보다도 기후위기시대 여성운동의 확장을 모색하는 것이었지만, 이 연구 과정은 또한 나의 삶을 다시 변화시키기도 했다.

나는 이 글을 통해 기후위기로 인한 농업과 식량문제가 어떠한 부정의한 현실을 만드는지, 이에 대한 대안으로서 소농의 자급이란 무엇인지, 여성농민의 농생태학과 식량주권운동은 어떻게 에코페미니즘과 연결되는지를 규명하고, 마지막으로 기후위기시대 페미니즘의 담론 확장은 어떻게 가능한지를 밝히고자 한다.

요즘 매일같이 인터넷 뉴스의 꼭지를 장식하는 기사 주제 중 기후위기가 있다. 이제는 일상으로 다가온 기후위기의 문제가 특히 농업과 식량문제에 악영향을 미치고 있다. 계절이 바뀔 때마다 가뭄, 폭염, 장마, 한파로 식량 생산량이 감소했다거나 심각한 식량부족에 시달린다는 소식이 전세계 곳곳에서 들린다. 기후위기의 또다른 경고는 식량위기이다. 많은 농민들이 기후위기로 인한 생산량의 감소 및 소득 저하로 생존권을 직접적으로 위협받고 있다. 수십년간 농사를 지은 농민들도 기후변화로 농사일을 예측할 수 없게 되어 큰 어려움을 겪고 있다. 농업생산기반 파괴의 충격을 어떠한 정책적·제도적 지원도 없이 농민 개개인이 온몸으로 맞고 있다. 농민들은 과연 얼마나 더 버틸 수 있을까.

2022년 충청남도는 사라진 꿀벌을 되살리기 위해 꿀벌 먹이 숲인 밀원 숲을 축구장 4,700개 면적의 대규모로 조성했다고 발표했다. 꿀벌이 사라지면 식물의 수분이 불가능해져서 식물이 열매를 맺지 못하게 된다. 곤충과 동물, 인간의 수많은 먹거리가 사라지는 것이다. 그렇다면 농민이 사라진다면 어떻게 될까? 한국사회에서 농민은 이미 수적으로 소수자고, 한국의 식량자급율은 전세계 최저 수준이라 먹거리를 수입에 의존하고 있다. 농민이 완전히 무너진다는 것은 곧 한국의 식량주권이 위험에 빠진다는 뜻이다. 그뿐일까? 지금도 노동력이 부족해 수많은 이주노동자가 한국 농촌에서 일하며 한국의 식량생산을 떠받치고 있는데, 여기서 농민의 감소까지 발생하면 대규모 농기업의 등장과 이주노동자의 증가로 연결될 것이다. 그리고 한국사회 이주노동자의 사회·경제·정치적 처우는 여전히 열악하다.

2020년에 공개된 넷플릭스 다큐멘터리 「대지에 입맞춤을」에서는 기후위기에 대응하기 위한 가장 좋은 해법으로 '흙'이 이야기된다. 흙, 즉 토양은 이산화탄소를 흡수하는 탄소 저장고의 역할을 하므로 기후위기 완화에 중요한 역할을 담당한다. 현재 지구의 토양이 축적하고 있는 탄소의 양은 대기 중 탄소량의 무려 세배 이상이다. 따라서 흙을 살린다는 것은 현재의 기후위기에 대응하는 가장 효과적이고 실현가능한 해결책이 될 수 있다.

그렇다면 어떻게 흙을 살릴 수 있을까? 목초지나 산림을 보전하는 것도 중요하지만, 전세계 토양의 많은 부분을 차지하는 농경지에 농사짓는 방법을 바꾸는 것도 필요하다. 농경 중 탄소 배출을 감축하기 위해서는 현재의 석유 기반 화학비료와 농약, 유전자변형

작물GMO, 고도의 과학기술을 이용하는 농법에서 벗어나야 한다. 생물다양성이 보전되는 순환적이고 생태적인 소농의 농법이 절실히 요구된다. 식물은 토양에서 자라면서 뿌리에서 흡수한 물과 공기 중에 있는 탄소를 이용해 양분을 얻고 산소를 내뿜는다. 또한 식물은 뿌리를 통해 토양 속에서 탄소를 붙잡는다. 반대로 현대의 기계식 경작은 땅이 탄소를 흡수하는 것이 아니라 배출하게 만들고, 화학비료와 농약은 땅의 사막화를 진행해 탄소를 붙잡지 못하게 할 뿐 아니라 생명이 살 수 없는 죽은 땅으로 만든다.

이렇듯 농업방식은 기후위기 가속화 여부에 영향을 미친다. 기후위기를 심화하는 것은 세계농식품체계의 책임이 크다. 세계농식품체계란 농업과 식품의 생산-가공-유통-소비에 이르는 먹거리 사슬이 세계의 농식품 기업과 시스템을 통해 운영되는 체제로, 세계화의 한면을 보여준다. 이 체계에서는 먹거리의 생산에서부터 폐기에 이르는 전 과정에서 석유의존도가 높다. 우선 생산에서는 '녹색혁명'으로 대표되는 품종개량, 화학합성비료, 농약과 물 관리 토목을 접목한 방식의 산업형 농업, 관행농업이 석유를 대량으로 소비한다. 사실 녹색혁명으로 인해 인류는 역사상 가장 높은 농업 생산력을 달성했다. 그러나 대량 산업농 생산방식은 기존 농법에 비해 담수를 세배 이상, 화석에너지를 네배 이상, 석유로 만든 화학비료를 열배 이상 투입한다. 전세계 슈퍼마켓과 마트에 넘쳐나는 풍요로운 먹거리를 공급하기 위해서는 저장과 가공, 유통 과정에서도 화석에너지가 대량으로 소비된다. 결국 한국인의 식생활에서 대부분을 차지하는 수입 먹거리는 석유에 듬뿍 절여진 채 식탁으로 도착하는 것이다.

세계농식품체계의 대안으로서 소농의 자급

국제농촌개발이란 이름의 신자유주의 세계농업은 농업의 기업화와 산업화를 촉진시키면서 소농과 가족농의 토착적 농업부터 종자·생물다양성, 농촌공동체, 지역먹거리 및 문화를 모두 파편화하고 황폐하게 만들어왔다.[1] 이 가운데 사회주의 관점의 에코페미니즘은 개발도상국 여성소농의 경험에 기반한 자급의 관점을 통해서 여성들이 개발의 희생자이자 피해자가 아닌, 대안을 모색하는 적극적 행위자로 위치될 수 있음을 밝혀왔다.[2] 에코페미니스트가 말하는 자급은 무엇을 뜻할까? 마리아 미스와 베로니카 벤홀트-톰젠의 자급은 상품생산과 상품을 생산하기 위한 임금노동, 소비로 이루어진 세계를 넘어서 삶을 생산하는 세계를 말하므로 일종의 세계관 전환이다. 이런 관점의 자급은 비아 깜페시나^{La Via Campesina}의 초국적 소농운동과도 연결된다.

1993년 결성된 비아 깜페시나는 농민의 정치적 저항을 통해 세계자본주의체제에 대항하여 대안을 모색해온 전세계적 소농연대조직으로, 그 이름부터가 '농민의 길'을 뜻한다. 지난 삼십년간 초국적 자본주의의 식량·종자·토지 탈취에 대항하며 식량주권, 성평등, 농생태학운동에서 풀뿌리 연대를 전개해왔다. 그렇다면 비아 깜페시나가 전개해온 전세계 소농운동의 목표는 무엇일까? 바로 소농·가족농의 자립 및 농업생산방식의 생태적 전환을 이루어내는 것이다. 비아 깜페시나는 여성농민의 시민권 확보 및 젠더정의 실현을 위해 여성세계행진World March of Women의 연대체로도 활동하면서 초국적 여성운동과 연대해오기도 했다.[3] 이처럼 초국적 소농운동은 여성소농, 원주민 여성, 무토지 여성농민 간의 연대를 통해 성차별주의, 가부장제, 인종차별주의, 계급권력에 대항하면서, 농민운동 내에서 여성의 정치적 대표성을 확보하고, 대안농업을 실천하며 지역·국가·국제 차원의 제도 마련을 위해 투쟁해왔다.

한국에서는 1990년대 여성농민단체 결성 이래 급진적 여성농민운동이 정부와 국제기구, 초국적 농기업에 대항해 적극적인 정치적 투쟁을 실천해왔다. 여성농민운동은 전국여성농민총연합(이하 전여농)을 중심으로 여성농민의 생산자 지위 향상, 사회참여 증대와 같은 시민권 운동을 이끌었다. 또 농업과 먹거리 시장의 신자유주의 세계화라는 흐름 속에서 초국적 저항운동을 전개해왔다.[4] 전여농은 2000년대부터 비아 깜페시나가 목표로 해온 식량주권운동 및 농생태학운동으로도 연결되었다.[5]

2010년대부터는 '언니네 텃밭' 사업을 통해 유기농, 로컬푸드 등 다양한 대안농업운동도 이루어졌다. 언니네 텃밭은 2009년 사회적 일자리 제철꾸러미 사업으로 시작되어 사회적 협동조합으로 운영되고 있다. 2023년 현재는 전국 11개 지역 여성농민 생산자 공동체에서 유기농법, 토종종자 활용 등 대안농업을 통해 공동생산한 제철 농산물과 먹거리를 꾸러미로 묶어 소비자들에게 발송하고 있다. 언니네 텃밭의 연간 총 매출액은 약 20억원에 이른다.

여성소농운동으로서 언니네 텃밭은 세계농식품체계와 전지구적 자본주의경제에 대항하는 대안 사례이다. 여성농민을 둘러싼 다층적 불평등의 문제에 맞서 여성 자신의 경험세계에 기반한 역량 강화와 시민권의 확보를 위한 적극적 행위자로서 실천한다는 측면에서는 에코페미니즘과 연결된다. 여성소농운동의 실천방식이 대안농업을 통해 흙·땅·종자·작물 같은 다종 간의 관계성을 변화시켰고, 이 관계성이 운동을 강화해왔다는 점에서도 주목할 필요가 있다. 지역공동체에 기반한 유기적인 대안 먹거리 생산방식은 현재 기후위기와 생태적 재앙에 대응하는 가운데 농업의 탄소 발생을 줄이고, 땅 살리기와 종자 이어가기를 통해 소농의 지속가능성을 모색할 수 있다.[6]

한국의 여성농민운동을 과연 여성소농운동이라 부를 수 있을까 하는 질문을 던질 수 있다. 여성농민이 곧 여성소농은 아니기 때문이다. 그러면 소농의 정의가 무엇이던가 보자. 소농은 영세한 영농 규모를 의미하는 동시에, 사회적·정치적 계급을 가리킨다. 한국 농민들은 대부분 규모 면에서 중소농이다. 그러나 전여농의 여성농민운동은 규모보다는, 세계농식품체계에 대항하는 초국적 소농운동 연대의 일원이자 여성농민의 계급적 투쟁과 실천에 함께한다는 맥락에서 여성소농운동으로 호명할 수 있는 것이다.

농생태학 혹은 농생태학운동은 농학과 생태학을 합친 말로, 전통 농민의 지식과 지혜를 통합시킨 과학이자, 농민에서 농민으로 전해져온 지속가능한 농업의 실천인 동시에, 산업농을 넘어 식량주권을 실현하기 위한 사회·경제·정치 전환운동이다. 농생태학은 생태과학을 적용해 지속가능한 농생태계를 기획하고 관리하는 것을 목표로 하며, 순환 가능한 영양과 에너지를 사용하는 농사법을 통해 기존의 기업·산업중심의 농업시스템을 전환하는 운동이다. 농생태학은 중립적인 과학이라기보다 식량주권 패러다임에 기반한다.[7] 삶의 방식이면서 사람이 자연으로부터 배운 자연의 언어이다. 이는 단지 생산기술만을 의미하는 것이 아니다.

농생태학은 모든 지역에 항상 적용될 수 있는 것이 아니다. 비아 깜페시나에 따르면 농생태학은 생물다양성에 기반하므로 각 지역의 특정한 사회문화적 영역과 환경에 따라 다른 방법을 적용해야 하고, 또 그렇게 할 수 있다. 농생태학은 환경을 고려하면서 먹거리의 생산·공급·배분 과정 전체에 개입한다. 또 가능한 소비와 생산의 경계를 허물어 소비자가 생산의 영역에 가까이 있도록 한다. 따라서 농생태학은 식량주권에서 분리될 수 없다. 다시 말하자면 식량주권은 농생태학의 사회정치 개념틀이다. 농생태학적 농사법은 지역공동체의 지역에 대한 통제력을 높이고, 지역 자원과 지식의 사용을 강조하며 어떻게 식량이 생산되는지를 관리할 책임을 키운다. 따라서 소규모 농가, 생물다양성이 높은 농사는 최소한의 외부 투입물로 생산이 가능한 농생태학적 실천을 통해 식량주권을 지킨다. 농민 생산자는 더 건강하고 좋은 노동조건을 확보하고, 소비자는 더 안전하고 나은 먹거리를 먹을 수 있는 식량주권을 누릴 수 있게 되는 것이다. 그러니 농생태학 운동 전개에는 현재의 농업 현실에 대한 이해와 더불어 사회변화를 위한 의식의 전환이 함께 고려되어야 한다.[8]

여성소농운동과 에코페미니즘

한국 여성소농운동의 성과에도 불구하고 농업과 농촌, 농민의 미래는 밝지 않다. 게다가 기후위기로 인한 농민의 생존권 위협 문제에서는 유기농, 농생태, 대안농업과 같은 형태의 농업도 예외가 되지 못한다. 현재 기후위기와 관련된 국가 정책과 제도, 특히 농업과 관련한 정책과 제도는 찾아보기 어렵다. 기후위기에 대응하는 페미니스트 전략의 부재도 커다란 문제이다. 여성농민과 여성운동, 여성정책 영역과의 네트워크는 여전히 취약하고 기후위기에 대응하는 범여성연대도 아직은 결성되지 않았다. 에코페미니즘의 지식생산과 확산이 더 많이 필요하고, 특히 기후위기에 대응하는 에코페미니즘의 전략이 요구된다.

기후위기에 대응한다는 것은 그저 획기적인 과학·기술적 제도와 정책만 마련하는 것이 아니다. 기후위기를 발생시키는 세계먹거리체계를 비롯한 대량생산과 대량소비의 사회경제체제에 대한 전환이 무엇보다 시급하다. 그래서 에코페미니즘의 자급적 관점은 경제활동의 목표를 '더 많은 상품과 화폐의 생산'이 아니라 '생명의 창조와 재창조'에 둔다. 자급적 관점은 인간과 비인간 세계의 상호존중과 협력 관계 및 참여적 풀뿌리 민주주의를 통해, 사회문제와 환경문제의 연결성을 확인하는 것이기도 하다.[9] 따라서 기후위기에 대응하는 페미니스트 전략은 자신이 살아가고 있는 지역의 사회경제체제부터 더욱 생태적인 방식으로 만들어나갈 수 있도록 구체적인 실천 전략을 찾고 수행하는 것에서부터 출발해 점차 지역과 국가의 제도적 변화를 위한 권리의 모색으로 확장할 수 있다.

농생태학, 유기농업, 대안농업을 비롯한 생태적 농법은 땅과 작물이 탄소를 흡수하고 감축하게 만든다. 여성농민들은 농생태학운동을 통해 기후변화에 대응할 수 있는 새로운 지식을 구축하고 공동체적 실천과 대안을 찾아왔다. 다시 말하자면 기후위기에 직접적인 피해를 경험하는 여성농민들은 농생태학을 중단하거나 피해자로 잔존하지 않았다. 결국 기후위기의 문제에서 피해의 취약성과 가해의 위해성이란 이분법에 대한 강조를 넘어서 기후위기를 둘러싼 인간과 비인간 모두의 책임과 응답 능력, 저항적 실천을 어떻게 발현할 수 있는가 하는 문제에 집중하는 것이 중요하다.[10]

호주의 페미니스트 철학자 발 플럼우드Val Plumwood는 자연에 대한 돌봄과 책임이 공적인 도덕성으로 확장되어야 한다고 주장한다.[11] 사회와 시민들은 돌봄과 책임의 윤리에 있어서 인간의 문제에 더해 현재의 기후위기를 비롯한 생태적 문제 또한 적극적으로 다루어야 한다는 것이다. 기후위기를 둘러싼 먹거리, 생물다양성, 돌봄 등의 문제는 사회적이고 정치적인 문제이며, 따라서 계속해서 가속화될 기후위기와 생태적 재앙으로 식물, 동물, 생태계에 닥칠 위협은 우리 사회 모두의 문제이고 책임이다. 그렇다면 바로 지금, 여기에서, 우리는 어떠한 대안을 실천할 수 있을까?

생태적 전환 사회로 나아가기 위해서는 먼저 에코페미니즘의 자급적 관점을 마을과 지역의 사회경제체제로 연결할 수 있도록 정치적 실천과 운동이 더욱 확산되어야 할 것이다. 즉, 다양한 자급적 실천들이 개인 차원의 실험에서 그치지 않고, 우리 사회의 일상을 좌우하는 정치와 제도를 변화시키기 위한 노력이 함께 연결되어야 한다. 에코페미니즘 지식을 생산하고 확산하는 활동을 통해 우리가 더 많은 에코페미니스트를 만나고, 더 많이 말하고, 더 많이 떠듦으로써 하나의 선으로 이어지는 수평적 연대를 모색하는 것이 필요하다.

페미니스트 철학자 로지 브라이도티Rosi Braidotti는 우리가 누구인지를 아는 것이 아니라, 우리가 어떻게 변화하고 변형을 재현하고 무엇이 되기를 원하는가를 아는 '되기'becoming의 과정을 강조한다.[12] 에코페미니즘은 대안적인 체제를 상상하고 실천하고자 한다는 점에서 페미니즘을 확장한다. 따라서 페미니스트는 모두 에코페미니스트이기도 하다. 누구든 에코페미니스트 되기의 정치적 과정에 함께함으로써, 이미 대안 주체로서 변화하고 대안 체제의 구성원이 되어가는 것이다. 에코페미니즘은 여전히 한국사회 페미니즘 담론 안에서 경계에 위치한다. 그러나 비주류 연구는 급진적인 상상력과 새로운 전환의 모색을 가능하게 한다. 사실 이러한 경계를 넘어서는 혁신적인 관점을 가능하게 하는 것이 페미니즘의 힘이기도 하다.

지구온난화를 넘어서 지구가열화의 시대로 나아가고 있는 지금, 행성적 기후위기는 극한 호우, 열파, 냉해 등 예측할 수 없는 상황을 만들어냄으로써 농민들이 농업을 지속하지 못하게 하는 지경에 이르렀다. 이러한 기후위기 및 이를 둘러싼 여성문제에 페미니즘은 어떻게 응답할 수 있을까? 국민국가를 넘어선 초국적 연대와 더

불어 새로운 여성운동의 출현이 시급하며, 그 방향성은 인간중심의 패러다임을 전환해 환경문제에서 여성과 소수자뿐만 아니라 다종 간 관계성에 기반한 취약성과 구조적 불평등을 인식하고 접근하는 것이어야 한다. 즉, 인간 너머의 세계에 대한 응답 능력이 요구되는 것이다.[13] 인간 너머의 세계가 고려된 에코페미니즘에 기반한 새로운 생태시민성의 출현과 생태시민권[14]에 대한 여성주의 담론 확장이 시급한 이유이다.

자급하는 삶과 몸의 기쁨

김 혜 련

현명한 여성들의 대안적 세계관

오랜 시간 관념으로 살았다. 도시에서 직장에 다니며 성실히 사는 일상에는 왜인지 늘 허공을 떠도는 듯한 허망함이 있었다. 거기에서 벗어나기 위해 땅으로 내려온 지 어언 십오년이 지났다. 밥을 먹지만 밥이 없고, 집에 살지만 집이 없는, 몸 없는 자로서 살아왔다는 절실한 자각이 삶을 바꾸게 했다. 그리고 내가 개인적으로 느낀 삶의 위기가 이 시대의 위태로움과 연결되어 있음을 명징하게 보여주는 에코페미니즘을 접하면서, 내 삶의 위치성과 의미를 다시 생각하게 됐다.

인류의 역사상 유례를 찾을 수 없는 재난이 우리 앞에 와 있다. 많은 사람들이 대안이 없는 시대라고, 불안과 절망, 무기력을 말한다. 그런데 '대안은 있다'고 이야기하는 사람들이 있다. 마리아 미스, 반다나 시바Vandana Shiva, 베로니카 벤홀트-톰젠 같은 에코페미니스트들은 대안이 위가 아니라 아래에서부터, 잉여가 아니라 필요의 세계로부터 온다고 믿는 사람들이다. 이 현명한 여성들은 한정된 자원을 지닌 지구에서 전지구적인 부자되기는 실패할 수밖에 없는 전략이며, 모든 것이 상품화된 세상에서 소비하는 자유만을 누리며 살아가는 출구 없는 삶에서 벗어날 길이 있다고 이야기한다. 돈을 위해 노동하는 게 아니라 스스로의 생명과 삶을 위해 노동하고, 사치품을 사들이는 게 아니라 꼭 필요한 것을 스스로 생산하는 삶이 있다고 말이다.

그것이 바로 에코페미니즘이 말하는 자급적 삶이다. 자급적 삶에는 힘이 있다. "자신의 삶을 생산하고 재생산하는 능력은 자부심과 위엄, 자기확신"[1]의 토대가 되고, "삶의 즐거움과 행복, 풍요로움과 연결"[2]되며, "진정한 힘은 우리 내부에서 그리고 자연과의 협력에서 나오지 돈에서 나오지 않는다"[3]는 것을 알게 한다. 하지만 현실 속 많은 사람들이 자급의 삶을 이야기할 때 떠올리는 건 삶의 축소다. 도시의 지인들과 귀촌 이야기를 나누면 꼭 듣게 되는 말이 있다.

"시골에서 사는 건 왠지 실패한 삶 같아요. 삶에서 후퇴하는 느낌이랄까…"

지구나 환경, 생태계를 생각하면 당위적 차원에서 자급을 지향해야 하지만, 왠지 지루하고 뒤처지는 삶이라는 생각이 든다. 몇년

전 2018년 개봉한 영화 「리틀 포레스트」 한국판을 보면서 처음으로 젊어지고 싶다고 생각했다. 내게 젊음이란 온통 어리석기만 했던 시절이라 전혀 그립지 않았는데, 그랬다. 아마 내가 영화 속 주인공의 삶을 잘 알고 있기에 그랬을 것이다. 좀더 젊은 나이에 자급하는 경험을 시작했더라면 좋았을 것을, 그때는 몰랐다. 사실 경험이 없으면 상상도 없다. 대개 현대인은 자급자족하는 삶의 경험이 없으니 상상을 하기 어려운 것이다.

이 글은 내가 살아온 십오년 이상의 삶의 경험이다. 나의 경험을 토대로 자급의 삶이 주는 자부심과 위엄, 자기확신은 물론, 더 나아가 그 삶에서 느끼는 적극적 기쁨을 이야기하고 싶다. 삶의 높은 밀도, 우아함, 이 세계에 받아들여지는 충만함, 자연에 대한 경이, 생명의 신성성, 꽉 차서 오히려 '아무것도 아닌 것'이 되는 삶의 무한한 확장과 연결에 대한 이야기를 나누고자 한다.

이때 내가 말하는 삶이란 몸의 경험이다. 우리는 몸의 착취나 수단화, 왜곡에 대해 많은 이야기들을 하지만, 몸 자체가 느끼는 기쁨에 대해서 할 말은 많지 않은 듯하다. 많은 사람들이 몸의 기쁨과는 거리가 먼 삶을 살고 있기 때문일 것이다. 그러나 내 몸과 내 생명이 느끼는 기쁨에 민감해지는 것, 그리고 그 기쁨을 누릴 수 있는 삶을 사는 건 내 생명에 대한 권리이자 의무이다. 사회가 몸, 생명의 기쁨을 앗아가기에, 몸이 없는 삶을 살게 하기에, 우리의 삶은 공허하고 우울하다. 편리함은 자본의 목표지, 몸의 목표가 아니다. 몸은 감수성의 덩어리다. 감수성이 풍부한 몸은 삶의 다양한 기쁨과 슬픔, 고통에 민감하다. 그 모든 것을 품은 거대한 몸이 된다면 좋은 삶을 산다고 할 수 있지 않을까? 도시에 살면서 주어진 삶에 대해 고민하고 새로운 대안을 찾는 이들에게 이 글이 하나의 상상적 계기가 되기를 바란다. 살면서 한번 내 안에 들어온 것들은 언제, 어디서 피어날지 알 수 없으니 말이다.

땅의 기쁨

2012년 6월

모자 쓰고, 장화 신고 호미 챙겨 밭으로 나간다. 올해는 토마토가 영 시원치 않다. 곁순을 따주고 더 자란 원순은 끈으로 묶어준다. 며칠만 방심하면 곁순들이 웃자라서 어떤 게 원래 순인지 구분이 되지 않는다. 어디서 몰래 익었는지 호박이 여리고 둥근 얼굴을 커다란 잎 사이로 살짝 내민다. 하하, 웃음이 절로 난다. 호박이 땅에 바짝 기대어 슬금슬금 덩굴을 늘여갈 때, 옥수수는 해맑게 하늘을 향해 껑충껑충 자란다. 얼마나 잘 자라는지 어떤 날은 몇센티미터씩이나 불쑥 자라 있기도 한다. 호박과 옥수수가 사이좋게 자라는 밭에서 옥수수 잎이 바람에 흔들리는 소리를 듣는다. 몸이 온통 귀가 된 듯 기쁘다. 세상에서 가장 믿을 만한 소리 사이로 저녁노을이 내린다.

2015년 7월

채소보다 더 건강하게, 무성히 자라나는 풀들을 바라보면 한숨이 절로 난다. 풀의 여왕 바랭이는 풀 뽑으러 나갈 때의 내 의기양양한 자세를 납작하게 만든다. 뽑으면 뽑힌 그 자리에서 다시 살아나고, 끊으면 끊긴 마디마다 뿌리가 나와 번식하는, '그녀'의 강인한 생명력 앞에서 인간인 나는 그저 고개 숙여 경의를 표할 따름이다. 내 농사 도구는 호미와 맨손뿐이다. 나의 농사 파트너는 괭이와 삽만으로 수백평의 밭을 고른다. 손으로 하는 행위는 가장 근원적 행위다. 작은 밭조차도 기계로 갈아엎는 산업형 농사가 주를 이루는 요즘에는 어쩌면 가장 정직하고 힘 있는, 우아한 행위가 된다. 편리함을 앞세워 자본이 앗아간 몸의 자율성, 몸의 리듬을 되찾는다. 여름 저녁 밭을 매다가 눈을 들어 바라보는 남산의 풍경이 문득 낯설다. 이 낯섦으로 내 존재가 새롭게 보이는 느낌이다. 아, 내가 지금 여기 이 땅에 속해 있구나, 하는 안도감. 아주 오랫동안 갖지 못했던 낯선 안도감이다.

2022년 3월

이른 봄 얼었던 땅이 녹아 부드러워진 땅의 살을 만질 때, 뭐라 설명하기 어려운 기쁨이 있다. 이제야 그게 내가 땅을 사랑하는 기쁨만이 아니라는 걸 안다. 내가 주체라고 하기에는 그 기쁨의 폭이나 종류를 설명할 길이 별로 없다. 비교 불가능한 기쁨, 나도 모를 기쁨이다. 이를테면 원하는 책을 만났을 때, 그 책을 읽을 때 느끼는 기쁨은 내가 인식의 주체가 된 기쁨이다. 흙을 만지는 건 처음엔 그냥, 때로는 하기 싫은 마음으로 시작하기도 한다. 그러나 하다보면 나를 잊게 되고, 그 경지에서 차오르는 기쁨과 평화가 있다. 주체인 내가 애써 노력해서 얻는 기쁨이 아니다. 저절로 차오르는 기쁨이자, 인간 자아의 크기와는 비교되지 않는 기쁨이다. 이때 나는 스스로가 존엄하게 느껴지는 경이로움에 떤다. 내가 행위의 주체이기보다 오히려 수동적으로 받아들여지는 기쁨이기도 하다. 거대한 존재에게 받아들여질 때, 그리고 그 받아들임에 어떤 조건이나 이유가 없을 때, 삶은 한없이 너그럽고 든든해진다. 고대인들이 왜 땅을 '어머니 여신'으로 숭배했는지 비로소 이해한다.

땅을 만지고 농사를 짓는 일에는 이상한 희열이 있다. 그 희열이 어디서 오는지 막연했는데, 땅을 만진 지 십년도 지나 최근에야 정확히 알게 됐다. 그건 다름 아닌, 자아가 사라지는 희열이다. 시도 때도 없이 나, 나, 나를 주장하는 그 자아 말이다. 일제강점기 이후 우리가 받아들인 서구식 근대문명은 인간을 '생각하는 자'로서 주목했다. 그러면서 복잡한 감수感受체계를 지닌 생명을 이성과 사유 안으로 축소시켰다. 이제 우리는 비대해진 머리로, 자아실현을 넘어 자기착취를 하는 세상에서 살고 있다. 그러나 풀을 뽑다보면, 땅을 만지다보면 나는 사라진다. 그저 내가 땅이 되거나, 아무것도 아닌 것이 된다. 아무것도 아닌 것이 된다는 것은 모든 것이 된다는 의미이다. 좁은 자아의 경계가 사라져 천지자연과 연결되고 확장되는 희열을 느낄 수 있다. 땅을 자원으로만 여기거나, 자연을 소비의 대상이나 어쩌다 즐기는 애완적 감상의 대상으로 여겨서는 결코 얻을 수 없는 희열이다. 이때 나는 거대한 내가 된다. 육십년을 산 존재가 아니라 수억년의 육십년을 산 존재, 온 생명이 된다. 이런 충만감에는 결핍과 불안이 자리할 곳이 별로 없다. 그러니 소비욕이나 타자지향적 욕구가 잘 생기지 않는다. 자급의 삶은 소비를 억제하고 금욕하는 삶이 아니라, 소비하고 싶은 욕구 자체가 잘 일어나지 않는, 온전한 삶이다.

복숭아 인드라망

2022년 7월

한여름, 복숭아가 다 익었다. 잘 익은 붉은 열매를 손 위에 올려놓는다. 제법 묵직하다. 이른 봄 연분홍 꽃을 피우고, 비바람과 햇빛 받으며 자란 시간이 복숭아 한알에 가득 차 있다. 탐스런 과육을 한입 베어 무는 순간, 부드러운 육질이 달콤한 수액과 함께 입안을 채운다. 봄에서 여름까지 열매를 솎아낸 적과摘果의 수고로움을 다 잊는다.

복숭아가 익었으니 이제 나눌 일이 남았다. 한그루에 복숭아 백수십 개를 길렀고 복숭아나무가 여덟그루니, 복숭아들이 적어도 천여개 이상 된다. 나누어 먹기에 충분하다. 팔라고도 하지만 약을 거의 치지 않은 복숭아는 상품이 되긴 어렵다. 그보다도 돈으로 바꾸기에는 정성이 너무 많이 들었다고 해야 하나. 사람들이 집에 와 열흘쯤 함께 머물며 복숭아를 따고, 차를 마시고, 택배를 보내는 이 기간은 축제처럼 흥겹다. 복숭아를 가져간 사람들은 그들의 이웃과 나누고 멀리 계신 부모님께 무농약 귀한 복숭아라고 부치기도 한다. 그러니 나와 복숭아를 함께 먹는 사람이 얼추 백여명 이상은 되지 않을까? 복숭아나무, 비와 바람과 햇볕, 그리고 인간이 협력해서 만들어낸 달콤한 창조물이 사람과 사람을 잇는다.

복숭아를 선물하면 대부분 답례를 한다. 농사짓는 사람은 마늘이나 참외, 딸기 등을, 닭 기르는 사람은 토종닭이 낳은 달걀을, 채식을 하는 사람은 맛있는 채소 김밥을 싸서 보내준다. 꿀이나 오미자액부터 빵, 김치, 장아찌, 생선, 고양이 간식에 이르기까지 다양한 선물들이 온다. 자연스러운 선물 경제라고 해야 할까.

에코페미니즘의 핵심은 연결에 있다. 세상 모든 것은 유기적으로 연결되어 있다. 어느 하나 홀로 서 있는 존재가 없다. 복숭아를 기르고 나누는 일이 그 사실을 몸으로 경험하게 한다. '독립된 개인의 자유'라는, 근대 서구의 이념이 얼마나 허황된 것인지를 소나기가 얼굴을 때리듯 깨닫게 된다. 평생 그 자유를 추구했던 나는 복숭아밭에서 자주 상심한다. 내가 추구했던 자유가 미스가 말한 "도시의 익명성 속에서 자유롭게 살다가 양로원에서 죽을 자유"[4]였다니! 참담한 깨달음이지만 복숭아 인드라망, 모든 것을 연결하는 복숭아의 그물은 그것조차 껴안는다.

밥의 기쁨

여리여리한 상추며 쑥갓, 비타민과 청경채에 케일을 밭에서 갓 뜯어와 먹을 때, 그 맛이 기가 막히게 달고 생생할 때, 맹물만 덜컥 부은 냄비를 불에 얹어놓고 텃밭에서 옥수수를 따와 쪄먹을 때, 부드럽고 달큰하면서 아무렇지도 않은 그 맛으로 온몸이 기쁠 때, 막 뽑은 양파에서 느껴지는 향긋한 단맛이나 막 캐어낸 마늘에서 나는 알싸한 매운맛 사이로 스며들어 있는 달콤한 맛, 그 매혹적인 맛과 질감에 끌려 눈물을 글썽이고 호호 혀를 내두르며 햇양파와 햇마늘을 맛볼 때…… 그럴 때마다 나는 땅이 나를 사랑한다고 느낀다. 스스로 기른 생명들이 나에게 말을 건넨다.

"먹어"

이 생명들로 밥을 하는 과정에는 생기가 있다. 살아 있다는 것을 느끼게 하는 기운 말이다. 마트에서 식재료를 사서 밥을 해먹는 것과는 다른 차원의 밥이다. 이를테면 마트에서 산 말끔한 당근은 생명을 지닌 존재라기보다는 공산품 같다. 그 당근을 먹으며 삶의 충만함을 느끼기는 어렵다. 그러나 내가 심고 기르며 여린 초록 잎이 아침 햇살에 춤추는 걸 바라본 당근, 땅속에서 밝은 주홍빛 몸을 으쓱 뽐내듯 드러낼 때의 놀라움을 고스란히 지닌 당근은 생생하게 살아 있다. 마트에서 산 당근은 내게 아무런 말도 건네지 않지만, 존재의 모든 과정을 지켜본 당근은 내게 숱한 말을 건다. 당근 한뿌리가 주는 기쁨은 손에 잡혀서 만져지는 생명의 기쁨이다.

식물이 자라는 모습은 바라보는 것만으로도 기쁘다. 눈에 잘 보이지도 않는 씨앗이 흙을 뚫고 올라오는 것도 경이롭고, 작고 여린 잎들이 햇빛과 비를 맞으며 커가는 모습도 신비롭다. 식물 하나가 땅에 심기고 자라고 벌레를 이기고 내 밥상까지 오게 되는 전 과정을 아는 일은 대단하다. 식물들이 내게 올 때까지의 과정을 상상하게 수 있게 하는 경험이 있으면 밥맛이 아주 생생해진다. 이 맛을

알게 되면, 내가 먹는 것이 생명인지 공산품인지조차 구별이 잘 안
되는 상태로 돌아가기는 어렵다.

우리가 일상을 향유할 때 몸, 생명은 자기구현을 다 한다. 내 생
명을 꽃피운다. 그런데 우리는 얼마나 일상을, 생명을 향유하고 있
을까? 매일 밥을 먹는데, 밥을 먹는 그 자체가 목적이 될 때가 없다.
그러니 밥 먹는 행위를 향유하지 못한다. 밥 먹는 게 얼마나 기쁜
일인지를 잘 모른다. 밥은 다른 일을 하기 위한 수단일 뿐이라 아무
거나, 대충, 무의식적으로 먹는다. 이러한 매일의 일상을 깨어 있는
상태로, 자기인식적으로 행할 때 삶은 성스러워진다. 늘 먹던 밥이
태어나 처음 먹는 밥인 양 빛날 수 있다.

소비지향적 세상은 필요의 세계, 생존의 세계를 '기본욕구'로 취
급하고 더 '고상한 욕구'를 향하라고 부추긴다. 그러나 에코페미니
즘은 이런 이분법을 인정하지 않는다. 의식주, 애정과 보살핌과 사
랑, 긍지와 정체성, 지식과 자유, 여가와 기쁨에 대한 기본욕구는
모든 사람에게 공통된다.[5] 그리고 이 욕구들은 필요의 세계를 충실
하게 살면 충족된다. 사실 필요의 세계가 든든하고 기쁘지 않으면
삶은 그저 허망한 불꽃놀이 같아진다.

집의 기쁨

지금 사는 집의 뜰에는 나무가 약 마흔종 여든그루, 꽃이 일흔종
정도 있다. 내 집 마당에서 철마다 꽃이 피어나고 크고 작은 나무들

이 매년 성장하는 모습을 바라보는 건 특별한 기쁨이다. 꽃씨를 뿌리고 가지를 쳐주고 구근을 심는 일은 해마다 새로운 아름다움을 창조하는 일이기도 하다. 뜰이 절정을 이룰 때가 일년에 몇번 있다. 이른 봄부터 피는 꽃들이 만개하는 사월 초나, 늦봄에서 초여름의 꽃들이 흐드러지게 피어나는 유월의 우리 집은 벌들의 향연장이기도 하고 사람들의 향연장이기도 하다. 사람들과 뜰에서 차를 나누며 담소하기도 하고, 꽃의 아름다움에 즐거워하며 꽃을 선물로 나누기도 한다. 그러니 꽃과 나무를 보살피기 위해 물과 거름을 주고 풀을 뽑는 일은 고되어도 신나는 일이다. 집을 가꾸는 즐거움, 내 생명이 편히 기대어 사는 공간을 창조하는 기쁨은 그 어느 기쁨보다 크다. 청소가 말끔히 된 방, 뜰에서 들여온 꽃송이로 환해진 탁자. 맑게 정리된 방에서 나의 몸은 고요하고 충만하다. 뭐라고 형언하기 어려운 기쁨이 작은 샘처럼 솟아난다. 아침 일찍 향 피워놓고 차를 한잔 마시고 있으면 이곳이 속俗이자 곧 성聖인 것을 알게 된다.

집은 내 몸, 생명을 모시는 공간이다. 생명을 모시는 공간이니 신성한 공간이다. 작은 방 한칸이라도 정갈하고 아름답게 가꿔야 하는 이유다. 집이 돈으로 계산되는 장소거나 임금노동으로 지친 몸을 하룻밤 눕히는 하숙집 같은 의미일 때 삶은 무의미하거나 허공에 뜬다. 내 생명이 깃들어 깊은 휴식을 하고 새로운 생명으로 재창조되는 작은 방이야말로 이 세상에서 유일한 은신처이자 평화의 공간이다. 우리는 보금자리가 무엇인지 그 의미조차 잊어버린 세상을 살고 있지만, 생명은 온몸으로 그 공간의 존재와 부재를 안다. 내가 힘들여 가꾸어가는 소중한 집이 없을 때 인간은 시들어간다. 농부철학자 웬들 베리Wendell Berry는 이 시대의 가장 혁명적인 일은 집에 머무는 일이라고 했다. 아름답고 신성한 공간을 찾아 아무리 떠돌아다녀도 내가 머무는 집이 신성하고 아름답지 않다면 삶은 피폐해지기 마련이다.

나는 뜰과 밭을 가꾸고, 고양이를 돌보고, 작은 나의 방을 가꾸면서 서로 기대어 사는 의미가 무엇인지 안다. 내가 돌보는 숱한 생명과 사물 들이 나를 돌본다. 돌봄은 일방적이지 않다. 내가 정성을 기울이고 애정을 쌓은 것들이 내게 기쁨이 된다. 나는 그들을 돌보면서 동시에 그들에게 기댄다. 나라는 생명은 숱한 다른 생명과 사물에 기대어 살고 있다는 것을, 청소를 하고 호미로 풀을 매는 기본적인 노동을 하면서 깨닫는다.

밥하고 청소하고 생명을 기르고 돌보는 일은 사람이 살아가기 위한 필수노동이다. 이 노동을 깎아내리고 착취해온 가부장적 자본주의의 역사 속에서는 보이지 않는 '그림자 노동'으로 가치 절하됐지만, 이 노동이 없으면 생명은 자기 유지를 할 수가 없다. 자급노동이고 삶을 생산하는 노동이다. 그러니 고되어도 충만한 노동이어야 한다. 이 노동이 하찮아지면 생명도 하찮아진다. 그런데 세상이 하찮다고 규정한 노동을 고귀한 노동이라고 입으로는 말할 수 있어도, 내면 깊이 수긍하기는 어렵다. 그 평가는 세상에만 있는 게 아니라 내 안에도 있기 때문이다. 나는 오랫동안 가사노동을 폄하하며 살았다. 내가 더 높고 근사한 곳을 향해 가야 하는데 발목을 잡는 덫처럼 여겼다. 그렇게 밥과 집을 무시하며 살다가 만난 건 허공에 떠 있는 텅 빈 존재였다.

땅을 만지며 살아가면 삶의 절실함을 경험하게 된다. 일상의 노동이 살아 있는, 충만한 노동이 된다. 밥은 한끼 대충 때우는 일이 아니라, 먹는 나도 하느님이고 먹는 대상도 하느님인 이천식천以天食天의 장엄한 밥이 되고, 집은 임금노동자의 쓸쓸한 하숙집이 아니라 고단한 몸을 누일 따스한 보금자리가 된다. 사는 게 허공을 떠도는 일이 아니라 땅에 뿌리내리는 일임을 알게 된다. 지금 우리는 밥과 집을 잃고 떠도는 몸으로 계속 살다간 영영 돌이킬 수 없는 재앙을 맞이하게 될 것이라는 위태로운 경고를 들으며 이 시대를 살고 있다.

아름답고 장엄한 창조

십오년을 땅에 몸을 구부리고 씨앗을 심고 모종을 옮기고 풀을 뽑고 양파를 캐면서 알게 된, 아니, 깨달았다고 해야 맞는 사실이 있다. 시골의 할머니들은 작은 땅뙈기라도 있으면 절대 놀리지 않고 그곳에 콩을 심고, 옥수수를 심고, 풀을 뽑는다. 처음엔 '저렇게 늙어서까지 꼬부라진 등으로 일을 하시나, 그만 좀 쉬시지. 그거 뭐 얼마나 심고 거둔다고…'라고 생각했다. 그런데 뭘 몰라도 한참 모르는 생각이었다. 할머니들의 밭일은 평생 몸에 익은 자연스러움이며 가장 자기다운 행위이자 기쁨이다.

일전에 여성단체 '또 하나의 문화'에서 윤석남 화가와 대담을 한 적이 있다. 여든이 넘은 도시의 화가는 "살아 있는 동안, 내가 숨을 쉬고 내 손이 허락하는 동안은 계속 그릴 거야. 죽을 때까지 붓을 놓지 않을 거야"라고 했다. 그거 외에는 다른 게 없다고. 여든이 넘은 농촌의 농부도 그렇다. 종일 작은 땅에 씨앗을 붓고, 모종을 내고, 풀을 뽑고, 콩을 거두는 일, 그게 사는 일이다. 죽을 때까지 자기다운 삶이다. 화가의 그림이 아름답듯, 농부의 땅도 아름답다. 고개를 숙여 들여다보면 작은 땅의 아름다움이 환히 보인다. 풀 한톨 없이 깨알같이 맑게 만든 검고 윤기 흐르는 땅에 콩과 파, 들깨와 호박, 옥수수가 줄짓기도 하고 섞이기도 하며 자란다. 더러는 맨드라미나 백일홍도 피어나 배시시 웃고 있다. 할머니들의 농사는 세상의 어떤 예술보다 아름다운 창조 행위다. 역사적으로 보면 장엄한 몸짓이기도 하다. 전형적인 소농의 모습이기에 그렇다. 세찬 세월을 견뎌온 오백년 수령 느티나무 고목이 장엄하듯, 온갖 풍파 속에도 이 땅의 수백년 삶을 지탱해온 소농들의 모습은 장엄하다.

한때 할머니들의 삶을 연민하던 내가 지금은 가소롭다. 물론 사회적으로 그분들의 삶이 개선, 향상되어야 하는 건 다른 차원의 이야기지만. 나에게는, 죽을 때까지 그게 바로 나인 그런 삶이 있나? 땅과 내가 분리되지 않고, 그림과 내가 분리되지 않는 것처럼, 그런 그 무엇이 내게는 있나? 앞으로의 삶에서는 그게 땅이었으면 좋겠다. 나도 동네 할머니들처럼 작은 땅에 끊임없이 무엇인가를 심고 기르고 수확하는 것에서 최고의 기쁨과 자연스러움을 느끼는 사람으로 살아가고 싶다. 땅을 아름답게 가꾸고, 땅의 품에 안겨 사랑받으며 살아가고 싶다. 나머지는 그냥 여벌!

자급적 삶의 첫길

자급적 삶이 어느 때보다도 절실하게 필요하다는 에코페미니즘적 문제의식을 가지고 있지만, 자급을 실행하기는 쉽지 않다는 것도 잘 알고 있다. 사실 누군가 나에게, 당신은 임금노동을 굳이 하지 않아도 되는 연금생활자니까 자급의 삶을 지향할 수 있는 거 아니냐고 묻는다면 할 말이 없다. 자발적으로 가난하게 살면서 풍요로울 수 있을까? 미래에 대한 불안은 또 어떻고? 이런저런 고민이 많은 사람들에게 내 이야기는 여유 있는 사람의 자기만족처럼 들릴 수도 있다. 그래서 지금까지는 가급적 말을 아끼거나, 하지 않았다.

그런데 어느 순간 사람들이 농촌에서 자급을 지향하며 사는 삶에 대해 아는 바 없이, 그저 선입견만 무수히 갖고 이야기한다는 것을 깨달았다. 뒤떨어지는 삶이니, 상상이 안되는 삶이니… 직접 그 삶을 살아보지 않으면 알 수 없는 기쁨과 충만함에 대한 이야기는 잘 들리지 않았다. 나라도 시골에서 자급하여 평범하게 사는 삶을 적극적으로 이야기해야겠다고 생각하는 계기가 되었다.

모든 삶에는 빛과 그림자가 있다. 자급의 삶이 기쁘고 충만한 것만은 아니다. 고단하고 힘들고 때로 지칠 때도 있다, 모든 삶이 그러하듯. 그러나 도시적 삶과 다른 것은 고단한 삶이되 피로한 삶이 아니라는 것이다. 고단은 몸이 힘들어 휴식을 취해야 하는 상태라면, 피로는 영혼을 갉아먹고 피폐해진 상태다. 피로한 삶은 몸과 마음을 황폐케 하지만 고단한 삶은 몸은 고되어도 저절로 비시시 웃게 되는 충만함이 있는 삶이다. 생명 하나 저절로 자라기 어려운 도시에 갇혀 있는 삶이 아니라 생명을 기르며 천지자연과 하나가 되는 기쁨을 누릴 수 있는 열린 삶이기도 하다.

영화 「리틀 포레스트」에서 배우 김태리가 연기한 혜원이 고향에 온 이유를 "배가 고파서"라고 말하는 장면이 있다. 나는 그 장면을 보면서 감독이 어떤 핵심을 짚었다고 생각했다. 풍요로운 시대를 사는 요즘 젊은이들이 밥도 없고, 집도 없는 삶을 살고 있다. 허기진 삶이라고 해야 할까? 라면 한끼를 먹더라도 내 생명에게 예배드리듯 귀하게 먹어보고, 단칸방이라도 내 생명의 공간이니 신성하게 가꾸어보고, 작은 화분에라도 채소를 심어 길러 먹다보면, 어느덧 내 생명에 대한 감각이 살아나고, 다른 생명이 소중해지지 않을까! 밥과 집을 귀하게 여기는 건 자급적 삶을 시작하는 첫길이자 아름다운 길이다. 여성해방의 길이기도 하다.

여성해방이란 이 육신성에서 분리되어 초월이라는 남성의 영역으로 '상승'하는 것을 의미하지 않는다. 오히려 남성들이 이 살아 있는 관계와 이 일상성과, 이 부담과, 이 내재성과 연결됨을 뜻한다…(중략)… 자연이 우리의 적이 아니고, 우리의 신체가 우리의 적이 아니라는 것을 깨달아야 한다.[6]

서구 계몽주의와 과학만능주의의 끝이 무엇인지 보이는 위기의 시대, 이 시대를 주파하기 위해서는 잃어버린 생명의 명랑성을 회복해야 한다. 모든 것을 수량화해 계산하는 세상에서 몸은 빛을 잃었다. 우리는 몸을 써서 일하는 게 불편하다고 느끼는 세상에서 살고 있다. 그러니 내 몸으로 일해 내가 필요한 것을 직접 생산하는 자급적 노동, 필요의 세계에서 느끼는 자부심과 기쁨이 무언지 알지 못한다. 나의 생명, 내 삶의 가장 기본인 내 몸으로부터 지독히 소외되어 있기 때문이다. 가부장적 자본주의는 가능한 최대의 효율과 편리를 추구하면서 생명이라는 거대한 감수체계로부터 온갖 느낌과 감수성을 제거해왔다. 삶을 회복하기 위해서는 더 많은 과학과 기술, 더 많은 생산과 소비를 추구할 것이 아니라, 내 몸과의 살아 있는 관계를 재창조해야 한다. 그것이 에코페미니스트들이 말하는 진정한 의미의 여성해방이다.

도시농업이 이끄는 생태전환

강 지 연

『침묵의 봄』 이후 60년

레이철 카슨^{Rachel Carson}은 『침묵의 봄』에서 화학 살충제의 무차별적인 살포로 봄의 전령 새들의 소리를 들을 수 없게 되고 연속적으로 생태계가 파괴되는 것을 경고했다. 카슨의 책을 읽기 전부터 나는 화학물질이 인간에게 미치는 영향을 아주 잘 알고 있었다. 1990년대 도시화의 결과로 한국에 건물과 아파트가 엄청나게 지어질 무렵 나는 눈이 따갑게 화학물질 냄새를 풍기는 신축건물에서 생활했다. 그때부터 심한 알레르기를 경험했고, 내 딸도 심각한 알레르기와 아토피로 고통받았다. 우리는 화학물질이 인간의 건강에 미치는 혹독한 피해를 온몸으로 겪었다.

카슨은 책의 말미를 "곤충을 향해 겨누었다고 생각하는 무기가 사실은 이 지구 전체를 향하고 있다는 사실이야말로 크나큰 불행이 아닐 수 없다"[1]는 말로 마무리하며 우리는 지금 두갈래 길에 서 있다고 했다. 카슨은 "우리가 오랫동안 여행해온 길은 놀라운 진보를 가능케 한 너무나 편안하고 평탄한 고속도로였지만 그 끝에는 재앙이 기다리고 있다. '아직 가지 않은' 다른 길은 지구의 보호라는 궁극적인 목적지에 도달할 수 있는 마지막이자 유일한 기회다"라며, "그 선택은 우리 자신에게 달려 있다"고 했다. 카슨의 책이 출판된 1962년으로부터 육십여년이 흘렀다. 그 사이 생태계가 더 가혹하게 파괴되었고 우리는 기후위기와 총체적인 생태위기 앞에 서 있다. 지구생태계를 돌보지 않고 자연을 지배하면서 이윤을 얻기 위한 산업화만 추진한 결과, 인간은 이제 기후위기와 멸종위기를 맞고 있다.

이런 시대의 도시에 살고 있는 우리들은 무엇을 할 수 있을까? 도시가 다른 생명들이 함께 살 수 있는 생태적 공간이 될 수는 없을까? 나는 도시농업에서 실마리를 찾았다. 이 거대한 위기 앞에 도시의 작은 텃밭은 무엇을 할 수 있는지, 도시에 텃밭을 할 만한 땅은 있는지, 비싼 땅에서 채소는 얼마나 키울 수 있는지, 작은 텃밭에 얼마나 많은 생물들이 살 수 있는지 사람들은 물을 것이다. 그러나 텃밭은 작은 땅이나 채소 그 이상이다. 콘크리트 건물과 아스팔트로 덮인 도시 곳곳에 작은 텃밭들이 만들어지고 서로 연결된다면, 도시에 생명을 불러들이고 자연파괴적인 인간의 생활방식과 문명에 변화의 씨앗을 틔우는 생태적 전환이 이어질 수 있다. 나는 도시텃밭의 생태적 역할에 대해, 지역 여성들의 도시농업공동체 실천에 대해, 텃밭 가꾸기를 통해 사람들이 배울 수 있는 경험과 가치에 대해 이야기하고자 한다.

흙 속에 탄소를 저장하는 도시텃밭

2000년대 중반 이후 한국사회에서도 도시농업은 건강한 먹거리, 생태환경, 지역공동체, 귀농에 대한 관심 속에 활성화되었고 환경문제나 도시문제를 해결할 사회적 대안으로 떠올랐다. 도시농업은 세계적으로도 기후위기에 대한 대응책으로 주목받고 있다. 도시에서의 녹지의 확보, 생물다양성 보존, 홍수 예방과 기후조절 같은 기능 덕에 도시에서의 생태적 측면에서 그 중요성이 부각됐다. 최근 유럽에서는 기후위기에 대한 대응으로 탄소감축을 위한 탄소농업과 생물다양성의 측면에서 도시농업의 역할을 강조하고 있다.

한국 전국민의 92퍼센트는 도시에 살고 있다. 도시에 살고 있는 사람들은 흙을 밟을 일이 별로 없고 생태계와 자신의 삶이 어떻게 연관되어 있는지 알지 못한다. 콘크리트와 아스팔트로 덮인 곳이 현대화된 도시이고 도시인들의 삶이 이루어지는 곳이다. 그래서 우리는 흙과 토양의 중요성을 알지 못하고, 이런 삶의 방식이 현대도시의 삶이라고 당연시하게 됐다. 기후생태재난시대에 들어서서야 잃어버린 흙, 토양의 가치가 재인식되고 있다.

탄소가 기후온난화의 주범이 된 것은 화석연료를 사용하면서 원래 땅속에 있던 탄소가 이산화탄소로 배출되고, 숲의 파괴로 식물의 광합성작용으로 흡수되던 이산화탄소가 현격히 줄어들었다는 데서 기인한다. 생태학이나 지구과학에서는 지구에 존재하는 탄소의 총량은 일정하며, 대기, 토양, 해양, 생물 등을 순환하는 것이라고 한다. 그러므로 단순하게 말하자면 기후위기의 해법은 화석연료의 사용을 멈추고, 숲을 파괴는 개발을 멈추고, 나무를 심어 이산화탄소를 흡수하게 만드는 것이다. 식물은 광합성작용을 통해 산소는 대기 중에 내어놓고, 탄소는 자신의 에너지로 쓰고 뿌리를 통해 토양 속에 저장한다. 식물은 죽은 후 탄소와 결합된 유기물로 다시 흙으로 돌아가 토양에 탄소로 저장된다. 탄소는 바다에도 녹아 저장되지만 그쪽은 현재 인간의 힘으로 유도할 수 없는 영역이고, 토양에 저장되는 것은 인간이 개입할 수 있는 영역이다.

유럽과 북미에서는 탄소를 토양에 저장하는 숲과 나무의 역할을 농경지도 수행할 수 있다고 본다. 이 가능성을 실현하기 위해 탄소농업 혹은 재생농업을 재생에너지 사업과 함께 기후위기에 대한 하나의 대안으로서 적극적으로 추진하고 있다. 탄소농업에서는 기존 농사의 경운, 즉 땅을 가는 것은 땅속의 탄소를 배출하기 때문에 무경운으로 농사를 짓는다. 이외에도 수확 시 작물의 뿌리는 뽑지 않고, 줄기와 잎 등의 부산물을 땅에 덮어 탄소를 품은 유기물로 토양을 비옥하게 해주며, 살충제와 화학비료를 사용하지 않는다.

이산화탄소는 대기 중으로 한번 배출되면 백년에서 삼백년가량 머문다. 그러므로 넷제로를 이룬다 해도 대기 중에 있는 이산화탄소는 당장 줄어들지 않는다. 더이상의 탄소 배출을 멈추는 것이지 이미 배출돼 대기에 있는 탄소량이 줄어드는 것은 아니라는 것이다. 그러므로 지구의 온도를 낮추기 위해서는 보다 적극적으로 대기 중 이산화탄소를 제거해야 한다. 식물의 광합성작용을 통해 이산화탄소가 제거되는 양이 더 많을 때 지구의 온도는 하강하기 시작하는 것이다. 농약의 원재료는 석유고 화학비료의 원재료는 천연가스다. 따라서 농약과 화학비료를 사용하는 기존의 관행농업은 다량의 탄소를 배출하지만, 생태적인 탄소농업은 탄소를 흡수하고 땅으로 되돌린다. 이런 농업은 먹거리를 생산하면서 기후위기 대응에도 중요한 역할을 할 수 있다. 우리는 무분별한 개발을 멈추고, 아스팔트를 걷어내 흙을 복원하고 도시숲과 텃밭을 만들어 도시 속 녹지와 농경지를 연결해나가야 한다. 노지텃밭, 학교텃밭, 공원텃밭, 옥상텃밭, 상자텃밭 등 다양한 공간을 이용해 텃밭을 만들고 연결하는 것이야말로 기후위기에 대응하는 도시에서의 해법이다.

생물다양성을 지키는 도시텃밭

현재의 기후위기는 생명들의 멸종위기와 같은 생태위기와 함께 진행되고 있다. 기후위기가 심화되면 생물다양성의 손실은 더욱 가속화될 것이다. 지금까지는 개발과 서식지 파괴, 살충제 사용, 단작 등이 생물다양성 파괴의 주요한 원인이었지만 이후에는 기후위기로 인해 생물 멸종이 더욱 급속하게 진행될 수 있다.

생물다양성과학기구[IPBES2]는 2019년 보고서를 통해 현재 적어도 지구 생물 중 백만종은 심각한 멸종위기에 놓여 있다고 진단했다. 2020년에 발표된 「지구생명보고서」는 지난 오십년간 폭발적 인구 증가와 대대적인 도시화로 자연이 황폐화되었고, 인류가 살아가는 데에 필수적인 생물다양성이 인류에 의해 파괴되어왔다고 우려했다. 또한 1700년 이후 전세계 습지의 약 90퍼센트가 사라졌고, 1970년과 2016년 사이에 각 생물종의 개체군 규모가 평균 68퍼센트 감소했으며, 서유럽과 북아메리카 지역 곤충이 최근 엄청나게 빠른 속도로 감소하고 있고, 식물은 22퍼센트가 멸종위기 상태라고 진단했다.[3]

곤충은 인간이 먹는 작물을 수분하고 다른 생물들의 먹이가 되며 동물들의 사체와 배설물을 분해한다. 곤충이 사라져 수분 매개자가 없어지면 식물들이 번식할 수 없고, 그 식물의 잎과 열매를 먹던 새나 동물들도 감소하면서 결국 멸종한다.[4] 그렇게 되면 인간도 생존할 수 없다. 가령 벌은 인간이 먹는 식량 작물의 75퍼센트를 수분하기 때문에 인류의 생존에도 필수적이다. 최근 전세계에서 벌의 실종이 큰 문제가 되고 있다. 한국에서는 2009년 토종벌 실종이 확인된 이후 토종벌의 90퍼센트 이상이 사라졌다. 이후 서양벌 실종 현상도 반복되어 2022년엔 16퍼센트인 약 80억마리정도의 벌이 사라졌고, 2023년엔 약 200억마리가 사라졌다. 양봉협회는 전년 대비 약 56퍼센트가 사라진 것으로 보고 있는데,[5] 양봉농가는 벌을 모두 잃어 다시 벌을 사고 싶어도 살 수 없는 형편이라 한다. 이러한 벌의 실종은 미국에서 2006년 처음 보고된 이후로 전세계적인 현상이 되었다. 벌 이외에도 하위생물이라 할 수 있는 곤충과 식물의 멸종은 지구생태계의 심각한 경고이다.

인간의 먹거리와 관련된 농업 생물다양성의 상실도 심각하다.

한국에 산업적인 농업이 급격하게 진행된 이후 한국의 토종씨앗들이 거의 사라지고 있다. 종자회사들이 판매하는 씨앗은 단 한번만 농사지을 수 있는 일회용 씨앗이고 다음해에는 다시 새 씨앗을 사서 써야 한다. 씨앗의 본성은 그 자체가 생명을 틔우고 씨앗을 맺는 것인데, 기업들이 생산하는 종자는 그런 생명력을 갖고 있지 못하다. 또한 생산성 위주의 단작으로 인해 농업에서의 작물다양성은 이미 심각하게 훼손됐다. 이제 기후위기로 인간의 먹거리인 씨앗들이 멸종될 수 있고 이는 식량의 위기를 가져올 것이다. 우리는 기후위기에도 살아남을 수 있을 정도로 강한 생명력이 있고 우리 땅에 토착화된, 이제 겨우 3~4퍼센트 남아 있는 토종씨앗들을 지켜야 한다.

도시농업은 기후위기와 생물다양성 위기를 극복하는 통합적인 방안이 될 수 있다. 생물다양성을 보존하고 종다양성을 지키는 가장 좋은 방법은 서식지 자체를 보존하는 것이다. 현재의 도시환경에서는 아스팔트 피복률을 낮추고 녹지와 텃밭 들을 확대해 녹지축이 이어지게 하면 서식지를 보존하고 연결해갈 수 있다. 살충제를 사용하지 않는 것도 중요하다. 도시농업은 작물재배만이 아니라 다양한 생명들이 함께 살아가는 서식지와 생물다양성을 보존하는 방법이라는 관점에서 바라보아야 한다.

자급과 공동체를 살리는 여성들의 도시농업

전세계적으로 많은 여성들이 도시농업에 참여하고 있다. 제3세계의 경우 가족의 생계를 위한 자급적 농사를 짓고 있다. 도시농부의 다수는 여성이고 여성들은 도시의 먹거리 생산자, 가공자, 판매자로서 중요한 역할을 하지만, 도시먹거리 생산과 가공, 판매에 있어서 젠더 문제를 다룬 연구는 거의 없다.[6]

아프리카의 여러 지역에서는 여성의 도시농업 참여가 우세한데, 이는 여성이 가정의 먹거리와 생계를 주로 책임져야 하고, 일반적으로 남성에 비해 교육 수준이 낮아 정식 일자리를 찾는 데 어려움을 겪고 있기 때문이다.[7] 남성도 도시농업에 활발하게 참여하는데 그 정도나 성격은 다양하다. 아시아의 일부 지역에서는 남성 도시농부가 우세한데, 이는 도시 내외부의 상업적 농업에 의한 것이다. 여성은 자급을 위한 생산에서, 남성은 판매를 위한 생산에서 우세했고, 남성들은 단작, 여성들은 다양한 작물재배를 하는 것으로 나타났다.[8]

미국에서도 도시농업운동이 활발하다. 1970년대 도시의 빈 땅에 씨앗을 뿌리고 꽃과 채소를 키우던 '그린 게릴라'Green Guerrillas부터 시작되어 도시공동체 텃밭으로 발전했다. 현재도 많은 여성들이 자급이나 공동체 활동, 녹색 일자리를 통해 도시농업에 참여하고 있다. 뉴욕에는 약 구백개 정도의 텃밭과 농장이 있다. 도시농업에 대한 성별 분석은 거의 존재하지 않지만 대체로, 뉴욕의 농장과 텃밭에서 일하는 현장 책임자, 활동가의 60~80퍼센트는 여성이다.

여성들은 주로 텃밭, 특히 공동체텃밭에서 일하는 경향이 있다. 상업적인 농장의 삼분의 이 이상은 남자들이며 수경재배 같은 기술 농업이나 시설화된 농업에서는 남성들이 우세하다.[9] 이처럼 여성들은 전세계적으로 대개 소규모의 자급적 농사를 짓고, 단작이 아니라 다양한 작물을 재배한다. 도시텃밭을 일구는 대다수도 여성들이다.

여성들은 공동체 텃밭에서 더 많이 활동하면서 지역공동체를 일구고 있기도 하다. 한국의 여성들은 역사적으로 마당과 집 근처 텃밭에서 가족의 먹거리를 위한 텃밭농사를 지어왔다. 도시화 이후에도 많은 여성들이 옥상이나 도시의 빈 자투리땅에서, 주말농장에서 농사를 지었다. 2000년대 중반 한국에서 도시농업운동이 시작되자 도시농업단체를 결성해 공동체텃밭에서 회원들이 함께 농사를 짓는 움직임이 활발해졌는데 이러한 운동에 많은 여성들이 참여하고 있다. 한 예로 도시농업단체들의 협의체인 서울도시농업시민협의회에 가입한 열여덟개 단체 중 열다섯개 단체의 대표가 여성이고, 활동가의 70퍼센트도 여성이다.[10]

도시농업공동체들은 무농약, 무화학비료, 무비닐이라는 생태적 방식으로 자급적인 텃밭농사를 짓는다. 텃밭 활동은 함께 채소를 키우고 먹거리를 나누는 먹거리 활동으로 이어진다. 지역에서는 농촌의 소농여성들과 연계해 직거래 장터를 운영하며 공동체 부엌 또는 마을 부엌을 연다. 여기에서 발생하는 음식물쓰레기로는 텃밭에서 퇴비를 만들어 작물재배에 쓴다. 도시텃밭에서의 농사는 먹거리의 생산-유통-소비-퇴비화으로 이어지고 이는 지역 차원의 작은 규모이지만 먹거리 자급과 순환의 실천인 것이다.

한국 도시농업 활동의 큰 기여 중 하나는 아이들을 위한 학교텃밭을 만들고 정착시켰다는 점이다. 여성들이 아이들의 생태 교육과 돌봄에 대해 가진 관심은 학교텃밭으로 이어졌다. 여성도시농부들은 학교텃밭 강사로서 어린이·청소년에게 농사·건강한 먹거리·생태교육을 해왔다. 요즘은 학교 교정이 모두 관리가 쉬운 콘크리트로 되어 있고 운동장마저 우레탄이라 아이들이 운동화에 흙 묻힐 일이 없다. 그러니 아이들이 어떻게 생활 속에서 자연과 생명의 기운을 느낄 수 있겠는가? 이러한 현실에서 텃밭 활동을 하면서 아이들은 계절이 변하는 절기를 알게 되고, 생명이 움트는 흙의 기운을 느끼고, 비로소 생태교육을 이해할 수 있게 된다. 아이들은 텃밭에서 자신이 키우고 수확한 채소를 따는 작은 노동의 의미를, 막 딴 신선한 채소의 맛을 알게 된다.

여성들의 도시농업 활동이 활발한 서울시 금천구의 사례를 보자. 금천구의 여성도시농부들은 회원들과 함께 공동체텃밭을 운영하고 활동가들은 학교텃밭이나 어린이집 텃밭에서, 지역에서 텃밭 교육 강사 활동을 한다. 십년이 넘는 시간 동안 공동체텃밭을 운영하고 다양한 도시농업교육과 활동을 한 결과, 2023년 현재는 금천구 초등학교 전체인 열여덟곳, 중학교 열곳, 다수의 어린이집, 지역아동센터나 지역복지관 등에서 텃밭을 운영한다. 팬데믹 진에는 옥상텃밭대회를 육년동안 개최하기도 했다. 여성도시농부들은 직거래 장터를 운영하거나, 또 지역식당을 열어 점심에는 지역공동체의 구심으로, 저녁시간에는 맞벌이 가정의 아이들을 위한 어린이 식당과 청소년 식당으로 운영한다. 이들이 운영하는 식당에서 나오는 음식물쓰레기는 텃밭으로 가져가 퇴비를 만든다.

이처럼 도시농업공동체는 지역주민들과 함께 농사짓고 먹거리를 나눈다. 도시민을 위해 농사를 교육하고 소모임을 열며 절기에 따라 축제를 연다. 이러한 활동은 공동체가 사라진 도시지역에 '열린 마을공유지'로서 지역 또는 마을공동체를 만들어 가는 데 기여한다. 안타깝게도 현대 도시에서 이렇게 생태와 공동체의 숨통이 되어주던 도시농업운동은 최근 어려움을 맞고 있다. 도시에 남아 있던 땅들이 개발되어 도시텃밭들이 사라지면서, 공동체텃밭이 사람들의 주거지로부터 먼 외곽으로 밀려나 지역주민들과의 활동이 어려워졌다. 도시텃밭을 지원하던 도시농업교육이나 도시농업에 대한 정부의 지원도 중단되었다. 그러나 도시텃밭을 하고자 하는 시민들은 점차 늘어나왔고 특히 팬데믹 이후 더욱 증가했다. 덕분에 도시농업은 궤멸되지 않고 여전히 다양한 형태로 성장하고 있다.

작은 텃밭과 정원을 가꾸며 배운 것들

나는 운이 좋게도 어린 시절 시골에서 자랐다. 생업으로 농사를 짓지는 않았으나 마당 가운데 꽃밭이 있었고 집 뒤꼍에는 텃밭이 있었다. 저녁쯤 텃밭에 물을 주고 적당히 자란 가지와 토마토 등을 수확하는 것이 막내인 나의 일이었다. 어린 시절 나는 텃밭에서 노동하고 수확하는 즐거움을 알고 있었다. 여름 한낮 텃밭에서 잘 익은 토마토를 따 먹는 즐거움이며, 저녁 무렵 텃밭에서 근대를 꺾고 호박잎을 따던 어머니의 모습을 잘 기억하고 있었는데, 이런 기억들은 도시에 살면서도 언제나 땅과 나를 이어주었다.

거주지를 스스로 정할 수 있는 때가 되고부터는 주로 서울의 외곽, 집에서 걸어서 산을 오를 수 있는 곳에 살았다. 여전히 도시가 지배적이지만 도시와 자연이 완전히 분리되지는 않은 경계였다. 도시의 한구석에 있는 텃밭과 작물을 키우는 할머니와 주민을 눈여겨보며 그곳에서 살아가는 다른 생명들에 대해서도 관심을 가졌다. 그러면서 도시에 사는 생명들의 환경이 참 열악하다는 생각을 하게 되었다. 도시인들의 환경도 좋지는 않지만 그래도 인간은 수돗물이나 정수한 물을 먹는데, 새들은 인간보다 더 오염된 물과 먹이를 먹어야만 하는 것이다. 나는 인간들이 점령한 이 지구에서 그들이 끼어 살고 있다고 느꼈다. 그러나 도시에서도 물이 있고 작은 숲이 있고 나무가 있고 주변에 텃밭이 있다면, 다양한 나비와 벌과 새들이 날아들고 그곳을 터전 삼아 살아간다는 것 또한 볼 수 있었다.

마당이 있는 집에도 살았다. 처음에는 딱딱한 도시마당의 흙에 퇴비를 주다가, 이후에는 집 주방에서 나오는 과일 껍질, 채소 껍질 등 생쓰레기를 땅에 살짝 묻어주고 쌀뜨물도 부어줬다. 겨울에는 나무에서 떨어진 나뭇잎으로 땅을 덮었다가 나뭇잎 부피가 줄어들면 이른 봄에 흙을 살짝 뒤집어 나뭇잎과 섞어줬다. 그러면 나뭇잎은 급속히 썩기 시작해 거름이 되고, 수북했던 나뭇잎이 어느새 부

엽토가 되어 평평한 땅이 되었다. 그 많은 나뭇잎은 다 썩어서 아무 것도 남기지 않고 흙으로 돌아가고, 매일 나오는 생쓰레기도 지렁이가 먹고 똥으로 분변토를 남기면 거름으로 쓰이고 아무런 부피감을 남기지 않았다. 나는 땅속에 지렁이 한마리 넣어주지 않았지만 어느새 지렁이가 우글우글했고 나비와 벌, 사마귀와 거미가 찾아왔다. 인간이 자연으로부터 온 먹거리를 먹고 그 남은 것들이 자연으로 돌아가면 아무런 쓰레기도 만들지 않고 거름이 되어 다시 작물을 키우는 걸 보았을 때 놀라웠다. 아, 우리의 삶이 이렇다면 세상엔 쓰레기가 없겠구나.

하지만 지금의 세상은 어떤가? 썩지 않는 물건이 넘쳐나서 온 세상이 포화상태인데 더이상 쓰레기를 타국에 수출할 수도 없고, 쓰레기장도 꽉 차서 문을 닫는 지경에 이르렀다. 자본주의가 만드는 그 많은 물건들은 결국은 지구를 쓰레기더미로 만들어가고 있다. 그저 땅으로 돌아가면 탄소가 되고 거름이 되는 자연의 순환을 거스르는 삶의 방식으로 인해 지구는 썩지도 않는 쓰레기로 꽉 차버렸다.

도시농업은 자급적 삶과 생태전환의 시작

기후위기 극복을 위해 재생에너지를 확대하면서 대량생산과 대량소비를 지속한다면 과연 우리는 기후위기와 멸종위기로부터 벗어날 수 있을까? 우리는 대량생산과 대량소비, 무한경쟁과 이윤추구의 사회체제에서 자급적 삶에 입문하는 길을 어떻게 발견할 수 있을까? 도시인으로서 덜 소비하고, 자연의 한계 내에서 인간의 삶을 지속가능하게 하고, 그러면서도 자연과의 조화, 사람들 사이의 관계 등을 통해 충족할 수 있는 삶이란 무엇인지를 우리는 어디에서 알 수 있을까? 92퍼센트가 도시인인 사회에서 도시인들은 무엇을 할 수 있을까?

우리가 슈퍼마켓에서 사 먹는 먹거리가 상품이라면, 씨앗을 틔워 키워 먹는 먹거리는 생명이다. 사람들은 텃밭농사를 통해 하나의 씨앗으로부터 작물이 자라고, 그로부터 먹거리를 얻고, 또 그 부산물이 퇴비가 되고, 남은 씨앗은 다시 땅에 뿌려져 자라는 자연순환에 기초한 생존을, 지상의 탄소가 다시 토양 속으로 들어가는 생태순환에 기초한 삶을 이해할 수 있다. 도시농업은 우리가 도시에서 이러한 자급과 생태순환에 기초한 사회로 나아가는 데 필수조건이다.

유럽연합의 팜투포크Farm to Fork는 친환경농업과 탄소농업, 생물다양성을 주요하게 다루면서 생산에서 소비, 즉 농장에서 식탁에 이르기까지 친환경적이고 순환적인 먹거리체계를 구축하고자 하는 기후위기 대응 전략이다. 농약 사용을 반으로 줄이는 등 농업과 먹거리 분야에서의 해법을 중시한다. 반면 현재 기후위기에 대한 한국의 농업정책 역점은 친환경, 전통농법, 생물다양성 등에 있지 않고 여전히 기술을 중심으로 하는 해법에 의존한다.

모든 생활이 도보나 자전거로 십오분 내에 이루어지는 '십오분 도시'로 널리 알려진 프랑스 파리의 여성 시장 안 이달고Anne Hidalgo

는 파리시 자동차도로를 축소해 자전거도로를 만들었다. 십오분 도시는 기후위기시대 의미있는 도시전환의 사례다. 이달고는 육만개의 주차장을 없애 도시숲과 공원 등 녹지를 만들고 그 녹지의 삼분의 일에는 텃밭을 조성하기도 했다. 이렇게 농업과 먹거리 문제를 기후위기에 대응하는 중요한 해법으로 제시하고, 도시를 보다 생태적 환경으로 변화시키는 것은 정책의 영역이자 정치의 영역이다.

시민 개인의 자율적 실천과 지역공동체적 실천, 자급적인 경제의 실천들이 뒷받침될 때 사회와 정치의 영역도 변화를 경험할 수 있을 것이다. 도시인들에게는 작게라도 텃밭을 가꾸고 자급을 실천해보는 경험, 음식물쓰레기로 퇴비를 만들어보는 경험이 필요하다. 퇴비를 만들었다면 어디엔가는 써야 하니 식물을 키우게 될 것이다. 그렇게 흙을 잊었던 도시인도 작은 땅에서 도시의 생명들을 살리는 데 기여하고 농사를 지어봄으로써 자급적 역량을 키울 수 있다. 도시농업은 땅을 살리고 생명을 돌보는 지혜를 배우고 나누면서, 생태적 사회를 모색하고 일구는 계기이자 근거지가 될 것이다.

3부

몸의 안팎을
통과하기

ECO
Feminism

여성의 시간 동물의 시간

유 서 연

여자 사람과 여자 동물의 교차점

나이 마흔을 훌쩍 넘긴 늦은 나이에 결혼을 앞두고 산부인과 검사를 받은 적이 있다. 가벼운 마음으로 검사에 임했는데 예상치 못한 당혹스러운 결과가 나왔다. 오른쪽 난소에 매우 큰 혹이 있어서 난소와 난관을 제거해야 한다는 것이었다. 결국 수술과 함께 나의 오른쪽 난소와 난관은 사라졌다. 가끔씩 오른쪽 복부에서 느껴지는 통증을 통해 그곳에 나의 생식기관이 있었던 것을 희미하게 느낄 뿐이다.

수술 후에 남은 왼쪽 난소 기능검사를 받았다. 의사는 수술 전에 비해 매우 기능이 떨어졌다고 설명하면서, 나에게 임신을 하고 싶다면 시험관 시술을 받으라고 권유했다. 나의 당혹스런 표정을 바라보며 그 의사는 이렇게 말했다. "그래서 우리가 그렇게 말해. 여자들은 결혼을 만 45세가 넘어서 해야 한다고." 그 말의 이면에는 난임인 기혼여성들이 가임연령이 끝나는 만 45세 전까지 여러가지 압박에 시달리며 자의적, 타의적으로 시험관 시술의 고통을 감내한다는 현실이 있었다. 난임 시술은 사회적 지위나 계급, 직업, 교육 정도, 인종, 종교의 다양성과 상관없이 여성을 그저 재생산능력이나 생식기관으로 전유한다는 것을 내포하기도 했다.

당시 나는 경제적으로나 시간적으로 시험관 시술을 할 수 있는 여유도 없었지만, 굳이 주사를 맞고 난자를 채취하고 배아를 자궁에 착상시키는 그 힘든 여정을 따라가고 싶은 마음도 없었다. 그때로부터 여러해가 지난 요즘은 완경을 앞두고 과다월경을 비롯한 각종 갱년기 증상에 시달리며 고통받고 있다. 그래서 언제쯤 나의 몸이 생식기관과 호르몬의 작용으로부터 자유로울 수 있을까 생각하게 된다.

내가 이분법적인 생물학적 결정론자는 아니라는 점은 밝혀두고 싶다. 나는 자연계에 여성·남성의 이분법으로 한정되지 않는 많은 종류의 성이 존재한다는 사실을 알고 있으며, 인간의 성 역시 성별 이원체계로 포섭되기에는 무리가 있고 그 다양성을 존중해야 한다고 생각하는 사람이다. 그러나 자본주의 시장경제, 특히 난임 관련 시장은 철저하게 생물학적 이분법의 논리에 의해 작동하고 있다. 2023년 현재 한국에서는 생명윤리 및 안전에 관한 법률 제23조 제3항에 따라 "누구든지 금전, 재산상의 이익"을 위해 배아나 난자 혹은 정자를 제공 또는 이용하는 것을 금지하고 있지만, 이 조항이 무색하게 불법적인 난자채취와 매매, 대리모가 성행하고 있다. 이런 상황에서, 성별이분법과 생물학적 결정론을 강요하고 그에 따라 인간을 구분하는 것이 자본주의 시스템이다. 자본주의자들이 이 시장에서 관심 두는 것은 돈으로 환산될 수 있는 여성의 재생산 능력과 생식기관뿐이다.

공장식 축산이나 연구를 목적으로 길러지는 암컷 동물들의 재생산능력과 생식기관은 더 잔혹한 방식으로 침탈되고 있다. 이에 대한 비판의 일환으로 이 글에서는 오히려 자본주의자들의 철저한 이분법적인 생물학적 구분을 따르면서, 생물학적 의미에서의 '여성'이나 '여자 사람' 그리고 '여자 동물'이라는 용어를 사용한다. 그리고 이들의 박탈된 생식권과 재생산능력에 대한 착취를 자본주의자들의 시간관과 여자 사람과 여자 동물이 체험하는 '시간'의 차원에서 이해해볼 것이다.

현전하는 여자 사람·동물의 몸

가부장적 자본주의 시스템은 여자 사람과 동물이 어떤 시간을 보내는가에 관심이 없다. 시스템 관리자의 시선 속에서 이들은 시간성이 제거된 하나의 물체가 된다. 이 시선은 여성을 비롯한 타자와 소수자를 눈앞에 두어 시각적으로 대상화하고 통제하려는 근대 시각중심주의의 시선으로서, 고대 그리스에서 존재를 시간의 흐름이 배제된 채 지금의 시점에서 인지·포착할 수 있는 존재자인 현전^{Anwesen}으로 바라봄에서 연유한다.

신장성을 지니는 '현재'와 달리 점적인 '지금'에 우위를 두고 시간을 지금의 연속으로 파악하는 아리스토텔레스의 시간관 속에서 존재는 '지금, 여기'에 있는 것인 현전이 된다. 현전은 달리 말하면 집이나 마당과 같은 부동산이나 소유물처럼 마음대로 다루기 위해 시간성이 제거된 채 고정된 눈앞의 대상으로 해석되기도 한다.[1] 하이데거는 이와 같은 아리스토텔레스 이후의 존재론은 존재를 시간의 흐름이 사상된 눈앞의 존재자로 현전하는 것으로 바라보았다고 말하며, 그것이 서구 형이상학을 지배하는 원천일 뿐만 아니라 근대 시각중심주의 이성의 원류가 된다고 지적한다.[2]

하이데거의 관점에서 볼 때 이처럼 서구 형이상학을 지배한 현전이 정점에 오른 것은 근대에 접어들면서다. 그는 『기술과 전향』에서 근대 이후의 과학기술은 자연과 대상에 대한 도발적 요청이라고 주장했다. "그것은 그 자체로 채굴되어 저장될 수 있는 에너지를 자연에게 내놓으라고 무리하게 요구"[3]한다는 것이다. 이 도발적 요청은 자연에 숨겨진 에너지를 채굴하고, 캐낸 것을 변형하며, 변형된 것을 저장하고, 저장한 것을 다시 분배하며, 분배된 것을 다시 한번 전환해 사용함으로써 이루어진다. 하이데거는 이처럼 자연을 부품으로 요청하도록 인간을 이끌어가는 과학기술문명의 속성을 '닦달', 즉 '게슈텔'Ge-stell이라고 부른다. 게슈텔은 "통상적인 의미로는 일종의 집기, 예를 들어 책장 같은 것"[4]을 의미한다. 닦달이란 자연과 대상을 하나의 사물로서 '세우다'stellen라는 의미이다. "이쪽에 세워놓음, 눈앞에-세워놓음", 즉 밖으로 끌어내어 앞에 세워놓음을 뜻하면서[5] 아리스토텔레스 이후 지금, 여기의 눈앞의 것으로 존재의 본질을 주시하는, 서구 형이상학이 내포한 현전으로 바라봄의 근대적 형태라고 볼 수 있다.

근대 이후 자본주의자들의 시선에서 여자 사람과 여자 동물의 재생산능력과 생식기관은 효율적으로 생산성을 높이기 위한 하나의 기계의 부품이 된다. 눈앞에 고정된 '지금, 여기'에 있는 것으로서의 대상에만 강도 높게 초점을 맞추는 하나의 눈길로 협소화되는 자본주의자들의 시선은 과거와 현재, 미래로 이어지는 시간성이 제거된 채 현전하는 여자 사람·동물의 몸을 전유한다. 이처럼 여자 사람·동물의 몸과 그로부터 나오는 그들의 재생산노동은 근대인이 바라보는 자연과 마찬가지로 공짜 자원으로서 끝없이 채굴되고 끝없는 닦달 속에서 눈앞의 대상으로 세워지며, 언제든 처분 가능한 소유물이 된다.

동물생체실험 반대운동과 여성참정권 운동

이러한 맥락에서 근대 이후 서구 여성들은 자신들과 마찬가지로 현전하는 동물에게 강한 유대감을 표현하기도 했다. 여성과 동물 간 공감의 정서가 처음 전면적으로 표출되고 기록된 것은 살아 있는 동물에 대한 실험에 반대하는 동물생체실험 반대운동을 통해서였다. 20세기까지 자행됐던 동물생체실험은 동물이 감각기능이 없는 자동기계와 마찬가지라서 고통의 감각을 느끼지 못한다고 바라본 데카르트의 동물기계론을 바탕으로 한 것이었다. 데카르트는 이성적 사고, 상상, 감각, 의지 작용과 같은 다양한 활동에 참여하는 비물질적이고 연장을 갖지 않는 '사유실체'와, 공간을 점유하며 크기, 모양, 위치가 있어 객관적으로 수치화될 수 있는 물체인 '연장실체'를 이원론적으로 구분하며, 인간의 정신과 신 이외의 모든 세계를 기계적으로 분해할 수 있는 연장실체로 환원시킨다. 데카르트는 사유하고 의식하는 비물질적인 정신, 즉 사유실체를 인간에게 부여했으며 이는 '생각의 내용을 가지고 있지 않은' 동물에게는 쓸모없는 것으로서, 동물은 양적으로 분할 가능하고 다시 조립가능한 기계가 된다. 데카르트의 동물기계론은 의대나 실험실에서의 동물생체실험을 정당화시켰으며 동물은 시계와 같은 기계고 생체실험 중 동물이 지르는 비명은 작은 태엽의 소음일 뿐이라고 여겨졌다. 당대에 데카르트의 동물기계론을 비판한 이들은 동물에게 연민을 느낀 소수의 여성들이었고, 19세기 후반의 여성참정권 운동가들 역시 동물에게 깊은 유대감을 느꼈다.

19세기 후반의 성과학은 생명에 대한 수학적 기계 패러다임과 유사해서 생체실험자와 성과학자들의 연구 패턴은 비슷했다. 엘리자베스 블랙웰Elizabeth Blackwell 같은 여성 의사는 19세기에 자행된 난소절제술과 같은 산부인과 수술을 생체실험의 확장이라고 보았다. 당시에는 우울증 같은 정신질환을 앓거나 여성참정권을 주장하는 젊은 여성들의 문제가 중요한 재생산기관인 난소에 있다고 생각해 수천명의 젊은 여성들이 난소절제술을 받았기 때문이다. 이 시기의 생체실험이 동물의 육체들을 절개하기 위해 그것을 기계들로 전환한 것과 마찬가지로 여성의 신체 역시 기계처럼 절개되고 해부되었다. 제1물결 페미니스트들, 즉 여성참정권 운동가들이 생체실험 반대 운동에 적극적으로 가담했던 것은 우연이 아니었다. 제1물결 여성주의 운동가들은 1903년에서 1910년 사이 영국에서 벌어진 생체실험 찬반을 둘러싼 정치적 논란이었던 '갈색 개 사건'[6]에서 주도적 역할을 담당했다.

당시 에멀라인 팽크허스트Emmeline Pankhurst를 비롯한 전투적 여성참정권 운동가들은 돌멩이로 창문을 깨는 '폭력 시위'로 인해, 남성정치범들이 수용되는 1급 감옥이 아니라 더 열악한 조건의 감옥에 투옥되었다. 그들은 교도소에서 저항의 의미로 단식투쟁을 했지만, 위장에 고무튜브를 밀어 넣는 강제급식을 당했고 그 결과 병을 얻거나 죽음에 이르기도 했다. 따라서 여성참정권 운동가들에게 "생체실험을 당하는 개의 이미지는 브릭스톤 감옥에서 강제급식을 당하고 있는 전투적인 여성참정권 운동가의 이미지와 구별하기 힘들게 된다."[7] 생체실험을 당하는 동물들에 대한 제1물결 여성참정권 운동가들의 연민과 공감의 정서는 다른 피조물들의 살아 있음과 영혼을 존중하고, 그들이 우리와 동일한 통합된 장의 연속선상에 존재한다고 이해하는 에코페미니스트들의 생명관에 많은 영향을 미쳤다. 이는 기계론적 세계관에서 탈피해 연결을 중시하는 유기적 세계관에 기초한 생명에의 보살핌과 존중, 공감으로 귀결한다.

그래도 19세기 말에서 20세기 초에 여성참정권 운동에 투신한 영국 중산층 이상 백인 여성들의 처지는 조금 나아 보인다. 그들은 단식투쟁과 청원을 거쳐 더 나은 환경을 지닌 1급 감옥에 투옥되기도 했다. 팽크허스트는 1급 감옥에는 펜과 책상이 있었다고 회상한다. 반면 미국에서 자행되었던 흑인 노예여성 생체실험은 그들이 당시 생체실험 동물과 동급이었음을 보여준다. 19세기 초중반 미국의 부인과 의학의 발전은 흑인 노예여성을 대상으로 한 생체실험의 결과였다. 의사 제임스 매리언 심스James Marion Sims는 출산으로 인한 방광질루의 치료법을 발견해 미국 부인과 의학의 아버지로 불린다. 그리고 그 치료법은 흑인 노예여성에게 임상실험을 해서 만들어진 것이었다. 그는 생체실험을 위해 노예여성들로 이루어진 환자의 집, 즉 최초의 '여성병원'을 지었다. 당시 미국 남부의 백인 의사들에게 흑인 여성의 신체는 열등하며, 동물에 가깝고, 고통에 무감각하다고 여겨졌다. 이러한 인종차별주의적 시각에서 흑인 노예여성에 대한 부인과 임상실험은 통상 마취가 되지 않은 상태에서 진행되었다. 감각이 없는 자동기계로 여겨지는 동물에 대한 생체실험과 크게 다를 바 없었던 것이다.

또한 더 많은 노예를 생산하기 위해 노동과 출산을 반복한 흑인 노예여성의 몸은 공장식 축산에서 폭력적인 인공수정-임신-출산을 반복하는 기계와 같이 취급되는 현대의 어미 돼지의 몸과 연장선상에 있다. 감금틀(스톨)은 수컷에게서 채취한 정액을 어미 돼지의 생식기에 밀어 넣는 인공수정 과정에서 어미 돼지를 꼼짝 못하게 한다. 인간에게는 편리하지만 돼지에게는 폭력적인 도구다. 어미 돼지는 출산할 때도 좁은 감금틀에 갇혀 있고, 그 상태에서 삼주 동안 새끼들에게 젖을 먹인 후 떼어놓고 또다시 임신을 준비한다. 이러한 시스템하에서 어미 돼지는 말 그대로 고기가 될 새끼를 뽑아내는 기계가 된다.

재생산노동과 시간

물론 여성의 권리는 예전과는 비교하기 어려울 정도로 신장되었다고 여겨진다. 21세기 여성의 몸은 19세기 여성 노예의 몸이나, 여자 동물의 몸과 동일하지 않으며, 현재의 여성의 시간과 여자 동물의 시간이 같다고 말할 수는 없다. 그럼에도 결국 여자 사람과 여자 동물은 그 재생산능력 때문에 몸에 대한 착취의 시간을 공유한다. 가부장적 자본주의자들이 새끼나 알을 뽑아내는 기계로 취급되는 여자 동물의 생식기관을 바라보는 시각과, 현재 난임 관련 시장에서 대리모나 불법 난자 채취를 위해 여자 사람의 생식기관을 전유하고 '지금, 여기' 눈앞에 현전하는 대상으로서 바라보는 시각은 비슷하다. 재생산능력 및 그 능력을 가졌기 때문에 '자연스럽게' 부과되는 재생산노동으로 인해 여자 사람과 여자 동물의 시간 체험은 자신의 의지와 무관하게 빠르게 흐른다. 가령 공·사의 영역에서 저임금노동과 재생산노동의 이중고 속에서 견뎌야 하는 여자 사람의 시간은 남자 사람의 시간에 비해 더 빠르고 힘겹다.

나는 잠시 대형 푸드코트에서 그릇 세척과 설거지 업무를 한 적이 있는데, 이 노동은 집안에서의 재생산노동이 임금화되고 공적 영역화된 형태라고 할 수 있다. 이곳에서 일하는 여성들은 결혼과 출산을 계기로 일을 그만뒀다가 다시 노동시장에 진입한 경력단절 중년 여성들로서, 힘겨운 노동을 끝내고 집에 가면 또 '살림'을 해야 하는 주부들이었다. 여성노동자들이 한시도 쉴 새 없이 정신없이 그릇을 치우고 닦고 나서 시계를 보며, "아니, 벌써 퇴근할 시간이네? 시간이 빨리도 간다"라고 말하는 것을 종종 들었다. 나도 내가 담당한 온갖 종류의 설거지 업무를 정신없이 끝내고 나면 온몸이 아파서 죽을 것 같다가도, 시간이 이렇게나 빨리 흘렀다는 것에 놀랄 때가 있었다. 한가롭고 여유로울 때보다는 눈코 뜰 새 없이 바쁜 시간을 보낼 때 체험하는 시간이 빨라진다는 이론을 몸소 확인하는 순간이었다.

모든 임금화된 형태의 재생산노동이 창의성이 없는 노동이라고 말할 수는 없겠지만, 몰아치는 일들을 빨리 쳐내야 하는 이 노동이 내게는 힘겹고 고됐다. 그 속에서 나는 오늘이 어제와 같고, 내일이 오늘과 같이 쳇바퀴처럼 도는 시간의 굴레, 지루하고 비창조적인 시간 속에서 빠른 시간의 흐름을 체험했다. 또 고된 노동을 마치고 집으로 돌아가면 기다리고 있던 가사노동과 돌봄노동 등의 재생산노동을 담당하는 중년 여성들 ─ 주로 중년 기혼여성과 한부모 가장인 여성들 ─ 이 너무나 대단하게 보였다.

그릇 세척과 설거지 업무에는 중년 남성들도 투입되어 동일하게 일했으니, 빠른 시간 체험이 여성노동자만의 전유물은 아니라고 생각한다. 다만 남성노동자들에게는 집에 들어가면 밥과 쉼을 제공하며 육체적으로나 정서적으로 그들을 돌보고 다시 아침이면 일터에 그들을 돌려보내 임금노동을 뒷받침해주는 아내가 있다. 그러나 나를 비롯한 여성노동자들에겐 밖에서의 임금노동을 끝낸 후

집에 돌아가도 밥을 차려주고 청소를 해주며 정서적으로 돌봐주는 아내가 없다. 남성노동자들은 공적 영역에서 육체노동을 통해 빠른 시간 체험을 하다가도 집에 가면 아내 덕에 시간이 다소 느리게 흐르는 느낌을 받을 수 있을 것이다. 반대로 집안에서 성역할에 따른 가사노동을 수행하는 여성 임금노동자들의 시간은 밖에서나 집 안에서나 빠르게 흐른다.

중년 여성 마트 노동자의 집 안팎의 노동을 다루는 이소진의 『시간을 빼앗긴 여자들』은 현재 한국에는 여전히 공적 영역과 사적 영역에서 성역할에 따른 노동의 구분이 비교적 명확하게 남아 있음을 보여준다. 마트에서 일하는 주부는 자의건 타의건 '노동자'가 아닌 '엄마'로 인식된다. 이런 편견은 특히 결혼과 출산으로 인한 경력단절 이후 다시 노동시장에 진입한 중년 여성노동자들이 저임금을 받는 구조를 정당화하고 있다. 매대 정리나 계산을 담당하는 여성노동자들에게 마트가 바라는 것은 '여성의 자질', 더 정확하게 말하자면 '엄마의 자질'이다. 가정에서 여성이 남편과 자녀들을 돌보고 집을 깔끔하게 청소하고 유지했던 것처럼 고객에게 상냥하게 대하고 매대를 깔끔하게 정리하기를 기대하는 것이다. 이렇듯 중년의 여성들은 직장에서 돌봄노동자로서의 자질을 요구받는다. 물론 퇴근해 집으로 돌아온 후에도 무보수 재생산노동에서 자유로울 수 없다. 한 마트 노동자의 다음 진술은 중년 여성에게 요구되는 재생산노동의 현실을 잘 보여준다.

오픈조를 하면 집에서 거의 아홉시에 나오거든요? 그래가지고 한 여섯시나, 뭐 그게 제일 빠른 거에요. 여섯시 정도에 끝나면 사실 그렇게 일찍 끝나면 시장을 들어가요. 마트를 들어가. 마트가 쉬우니까. 그러면 인제 그때부터 막 일하는 거죠. 밥도 하고, 밑반찬도 만들고 빨래도 널고. 그러면 역시 정도 되고, 그러면 인제 그때 맞춰서 남편이 들어온다 그러면 밥 주고…그게 그냥 끝이에요. 그냥.[8]

가정과 직장에서 중년 여성에게 전가되고 요구되는 재생산노동과 돌봄노동은 그들이 저임금 혹은 무보수로 상냥하고 친절한 여성(혹은 엄마)의 자질을 가진, 다소 기계적인 감정노동자가 되기를 원한다. 이런 요구의 이면에는 여성 임금노동자는 재생산기능을 가진 생물학적 여자이니 마땅히 직장에서나 집안에서나 여자의 자질에 적합한 재생산노동과 감정노동을 겸해야 한다는, 생물학적 결정론과 성별이분법이 도사리고 있다. 이들은 시간의 구멍이 없이 집에서나 직장에서나 감정노동이 장착된 노동을 반복적으로 정신없이 수행하기 때문에, 더더욱 시간이 빨리 흐르는 것처럼 체험한다. 이들의 빠른 시간 속에서 여러가지 사건을 만들어냄으로써 시간의 흐름을 느리게 만들 수 있는 창의적 대안은 과연 가능할까?

재생산능력으로 인해 열악한 환경 속에서 보내는 여자 동물의 시간 역시 남자 동물의 시간보다 더 고통스럽고 빠르게 흐른다. 데카르트의 동물기계론에 입각해 만들어진 공장식 축산은 비용을 최소화하면서 고기를 대량생산하기 위해서 사육 기간은 짧게 만들고 대신 운동을 억제해 살찌는 속도를 가속화한다. 동물을 최대한 저렴하게, 최대한 빨리 고기로 만들어내는 과정이다. 예를 들어 돼지고기로 소비하기 위해 사육되는 돼지들의 경우 고작 육개월 남짓한 삶을 살다 간다. 그나마 비육돈으로 키워지는 돼지는 돈방이라고 불리는 우리에 수십마리씩 풀어놓지만 모돈, 즉 임신과 출산을 반복하는 어미 돼지는 기계적으로 생산되는 공장의 물품처럼 사육된다. 폭 70센티미터, 높이 120센티미터, 길이 190센티미터의 감금틀에 갇혀 걸을 수도 없고, 앉았다 일어났다를 반복할 뿐이다. 어미 돼지들은 당연히 다른 개체와 교류할 수도 없고, 생후 210일부터 강제 인공수정을 시작해 삼년 동안 약 칠회의 임신과 출산, 수유라는 재생산노동을 반복하다가 도축된다.

비육돈이 자라는 돈방도 비좁지만 그래도 그 안에 있는 돼지들은 최소한이나마 몸을 움직일 수 있어서 걷고, 뒷걸음질 치고 빙글빙글 돌 수도 있다. 그에 반해 어미 돼지는 "고개를 돌려 뒤를 돌아보는 것도 불가능했다. 몸을 삼십도 정도만 돌려도 철봉에 막혔다. 그런 스톨 수백개가 대여섯줄로 건물을 가득 메우고 있었다. 이곳의 돼지들이 할 수 있는 것은 자다가 일어나 파이프에서 흘러나오는 사료를 먹고 살이 찌는 것뿐"⁹이다. 이 돼지들이 체감하는 삼년의 시간은 자유롭게 돌아다닐 수 있는 돼지의 시간보다 더 빠르게 흐를 것이다. 이는 젊은이의 시간에 비해 단조로운 삶을 살며 지각하는 사건의 수가 적은 노인의 시간이 빨리 흐르는 원리와 마찬가지이다.

권태의 고통 속 시간 체험

인간인 우리와 동물의 수명이 다르고 시간 지각이 다른데 어미
돼지의 시간 체험과 인간인 노인의 시간 체험이 어떻게 같을 수 있
냐고 누군가는 물을 것이다. 물론 인간인 나와 내가 키우는 고양이
는 동일한 공간 속에서 다른 시간을 산다. 나에게는 아침-점심-저
녁-밤으로 이어지는 시간이 하루지만, 인간의 하루는 고양이에게
5일 정도로 더 긴 시간이다. 주어진 시간에 지각하는 사건의 수는
동물마다 크게 다르다. 그러나 생물학적으로 동물들이 평생 지각
하는 사건의 수는 일정하며, 이에 따라 동물들의 수명이 달라진다.

신경의학자 올리버 색스^{Oliver Sacks}는 『의식의 강』에서 이같이 주
어진 시간에 지각하는 사건의 수와 수명의 관계를 고찰하고 있다.
"인간은 일초당 겨우 열건의 사건을 지각하는데, 만약 열건이 아니
라 일만건의 사건들을 지각할 수 있다고 가정해보자. 우리가 일생
동안 지각할 수 있는 사건의 수가 일정하다면, 지각하는 사건이 천
배로 늘어났으므로, 수명은 천분의 일로 줄어들 것이다." 이 상황
에서 수명은 한달 미만이 되므로, 우리가 지각하는 세상의 움직임
은 너무 느려서 계절의 변화도 없을 것이다. 그러니까 겨울에 태어
난 사람은 더운 여름이 있다는 것을 책을 통해서나 알게 될 것이다.
"그러나 이제 가정을 뒤집어, 우리가 주어진 시간에 지각하는 사건
의 수가 천분의 일로 줄어들었다고 치자. 그러면 우리의 수명은 천
배로 늘어나고, 겨울과 여름은 일년의 사분의 일이 아니라 한시간
의 사분의 일처럼 느껴질 것이다." 그렇다면 우리가 느끼는 세상의

시간의 흐름은 아주 빨라져서 "버섯과 속성 식물들은 속사포처럼 자라, 세상이 순식간에 창조된 것처럼" 보일 것이며, "총알이나 포탄과 같은 동물의 움직임은 우리 눈에 포착되지 않을 것"이다.[10]

　동일하게 주어진 시간 내에 지각하는 사건의 수가 적어지는 노인의 시간이 빨리 흐르는 것을 이러한 원리로 설명할 수 있다. 나이가 들면 체내 시계를 통제하는 역할을 하는 시교차상핵SCN의 세포 감소와 도파민의 부족으로 시간을 지각하는 생체시계에 문제가 생긴다. 이에 따라 노인이 지각하는 사건의 수는 적어지는 반면 노인이 체험하는 시간은 빨라지며 세상의 시간도 빨리 흐른다.

　노인의 시간이 젊은이에 비해 빨리 흐르는 까닭은 삶의 패턴이 별다른 자극 없이 단조로워지기 때문이기도 하다. 이십대의 오년과 팔십대의 오년의 세월은 체감하는 길이가 다르다. 이십대의 시간은 천천히 흐르고, 팔십대의 시간은 빠르게 흐른다. 이십대는 생애 가장 파란만장한 시간이다. 다채로운 삶의 경험들, 친구들과 함께 술을 마시며 놀던 생각, 사랑하는 사람과의 만남과 이별과 또 이어지는 크고 작은 연애 사건들, 매 학기 좋은 학점을 받고 스펙을 쌓기 위해 노력하던 시간들, 봉사 활동, 졸업, 처음 직장에 들어가 일을 배우고 인생의 쓴맛을 경험하던 순간들. 이십대는 갖가지 사건들로 수놓아져 길게 느껴진다. 이에 비해 은퇴 후의 노년의 삶은 큰 사건 없이 흘러가는 단조로운 시간들로 채워져 있어 어제와 오늘이 큰 차이가 없다. 마치 "고전적인 연극에서 전혀 변하지 않는 배경"과 같다. 그래서 "365일이 겨우 두어달처럼 느껴지"기도 한다.[11]

마찬가지로 감금틀 속에 갇혀 외부자극이 거의 없어서 지각하는 사건의 수가 줄어든 어미 돼지의 시간도 빨리 흐른다. 권태 속에 잠식되는 자에게 시간이 빨리 흐르는 것과 같다. 무언가에 열중할 때나 바쁘게 살 때는 시간이 빨리 흐르지만, 한가하고 여유로울 때는 시간은 천천히 흐른다. 그러나 그 한가함이 지나쳐 지루해지는 시간이 계속되면 상황은 달라진다. 항상 어제와 오늘, 오늘과 내일이 똑같은 단조로운 삶이 반복되는 '권태' 속에서 시간은 빨라진다. "흔히들 권태가 시간을 길게 늘여놓는다고 말한다…그러나 그 법칙은 몇시간이나 며칠에만 적용되는 것 같다. 몇주, 몇달의 경우에는 권태 때문에 시간이 오히려 짧게 느껴지는 것이다. 하루하루가 똑같을 때는 매일이 똑같이 느껴진다. 하루하루가 완전히 똑같이 흘러간다면, 아무리 긴 인생도 짧게 느껴질 것이다. 마치 우리가 모르는 사이에 권태가 우리에게서 시간을 훔쳐간 것처럼."[12]

자유의지로 움직일 수 있는 노인의 시간도 은퇴 이후 별다른 할 일이 없는 괴로운 권태의 늪 속에서 빠르게 흐르는데, 하물며 좁은 감금틀 안에 갇혀 재생산노동만을 반복하는 어미 돼지가 체험하는 시간의 고통은 인간인 내가 감히 공감하고 상상하기 힘들다. 어미 돼지는 감금틀 속에서 지루함과 고통을 참지 못해 지속적으로 철봉을 씹거나 빈 사료통에 머리를 들이받는 등의 행동을 반복한다. 반복적이고 목적이 없는 행동인 정형행동인데 돼지처럼 지능이 높은 동물이 외부자극이 없는 환경에 갇혔을 때 나타나는 정신장애다. 이들이 감금틀 속에서 살을 찌우는 시간은 어제와 오늘이 비슷하고 지루함과 권태와 고통과 불안이 혼재되는 지옥 속의 시간이다. 이 하루하루가 비슷하고 지루하고 무의미한 시간 속에서 어미 돼지가 체감하는 시간은 빠르게 흐른다. 돼지의 자연적인 수명은 십오년에서 이십년이다. 이에 비해 공장식 축산업에서 착취당하는 어미 돼지의 수명은 삼년 정도밖에 되지 않는다. 가뜩이나 줄어든 데다가 권태로 가속화되는 시간 체험 속에서 어미 돼지의 생은 너무 빠르게 마무리된다. 1,095일의 짧은 생애 동안 한번에 이삼십마리씩, 약 이백마리의 새끼만 낳고 떠나는 셈이다.

시간의 유토피아

시간 체감이라는 맥락에서 자본주의의 하층부를 이루는 존재들에 대한 성찰이 필요하다. 마리아 미스는 자본주의의 빙산의 일각으로 보이는 가시경제에는 자본과 임금노동이 속하지만, 빙산의 아래에 해당하는 비가시적인 경제에는 자연과 여성, 가내 수공업, 미성년자의 노동, 그리고 주로 남반구에 있는 식민화된 민족과 영토가 속한다고 주장한다. 여성의 무보수 재생산노동이 지구가 제공하는 공기와 물과 햇빛과 같이 여성의 몸으로부터 자연스럽게 흘러나오는 자유재로 간주되는 것처럼, 자연 자체도 자본 축적을 위해 "비용을 전혀 치르지 않거나 적은 비용만을 치른 채 이용하고 착취할 수 있는 '자유재'로 취급"[13]된다. 근대 이후 자본주의자들은 폭력적인 방식으로 자연 속의 동식물을 자본 축적의 과정에 들여왔고, 그러한 시스템의 정점에 있는 것이 기계화, 자동화, 대량생산 등 자본주의 생산방식을 그대로 따라가는 공장식 축산하의 동물들, 특히 여자 동물들이다. 정리하자면 자본주의 빙산의 기저에는 비시가적인 영역에서의 재생산노동이나 돌봄노동 혹은 여기에 더해 여성의 자질이 요구되는 저임금노동까지 담당하는 여자 사람의 노동이 있고, 그 가장 하단에는 공장식 축산 속에서 임신과 출산을 반복하며, 고기가 될 새끼를 뽑아내는 기계로 취급되는 여자 동물의 재생산노동이 있다.

여자 사람과 여자 동물의 해방을 위해서 필요한 것은 무엇인가? 가부장적 자본주의체제의 변혁이나 폭력적인 육식문화의 종식 등도 물론 필요하겠지만, 나는 종속된 시간에서의 해방도 논하고 싶다. 이들에게 필요한 것은 '시간'과 '시간의 즐거움'을 체득하는 기회일 것이다. 시스템의 변환이나 여성과 동물에게 폭력적인 문화의 종식과 다른 길을 가는 것이 아니라, 그와 함께 가되 보다 즐겁고 게으른 시간의 해방이 될 것이다. 이 해방은 여자 사람과 여자 동물을 시간의 흐름이 제거되어 지금, 여기 눈앞의 대상으로서만 현전하는 처분가능한 사물이 아니라, 시간의 흐름 속에서 매 순간 과거와 미래가 공존하는 하나의 생명체로 바라보는 사고로의 전환을 촉구한다.

전세계적으로 동물의 기본적 권리도 충족시키지 못하는 공장식 축산을 개선하는 움직임이 일고 있다. 유럽연합은 2012년 암탉을 철장에서 기르는 배터리 케이지 시스템을 폐지했고 2013년부터 어미 돼지의 감금틀 사육을 금지하고 있다. 또한 2003년부터 회원국의 모든 돼지에게 가지고 놀 수 있는 장난감을 제공하는 것을 의무화하고 있다. 한국에서도 이를 받아들이고, 한발 더 나아가 어미 돼지에게 깨끗하고 푹신한 깔짚과 장난감을 제공하고, 새끼들과 함께 지낼 수 있는 시간을 더 오래 주는 동물복지 축산을 확대해야 할 것이다. 이로써 감금틀에 갇힌 어미 돼지가 잃어버린 재생산노동의 다소 느린 순환적 시간성을 되찾았으면 하는 바람이다.

사적 영역과 공적 영역 모두에서 여성에게 강요되는 빠르고 고된 시간 속의 고통스러운 재생산노동, 돌봄노동의 틀에서 벗어나는 것 또한 필요하다. 실비아 페데리치Silvia Federich의 말을 빌리자면, 무보수 재생산노동인 가사노동에 적합하다고 여겨지는 여성성의 속성들이 사실은 자연적 속성이 아니라 가사노동에 부여되는 하나의 노동기능일 뿐이라는 것을 밝혀야 한다. 그리고 이로써 가사노동의 탈성별화를 꾀하고, 가부장적 자본주의자들이 노동력 비용을 억제하기 위해 이 무보수 재생산노동에 부여한 '여성의 자질' '사랑의 노동'이라는 신화를 타파해야 한다. 재생산노동 그 자체를 거부하는 것이 아니라, 그 노동이 일어나는 일상적 활동이 이 세상을 "보살핌과 창의성, 돌봄의 공간으로 재구성하는 법을 배울 역량을 개발할 수"**14** 있는 지점이 되도록 회복하자는 것이다.

여성이 자신을 위한 자기돌봄, 성별이분법에 따른 성역할을 벗어난 상호돌봄을 누릴 수 있는 세계를 창출하는 것, 그 세계 속에서 다소 게으르고 느릿하게 흐르는 시간의 리듬에 몸을 맡기기, 그것이 내가 꿈꾸는 '시간의 유토피아'다.

월경을 통해 지구와 공생하기

이 안 소 영

에코페미니즘이 묻는 여성의 '안전함'

에코페미니즘은 월경[1]에 대해 어떻게 묻고, 무엇을 밝혀야 하는 걸까? 나는 1990년대 후반 여성학을 공부하면서 일회용 생리대가 환경과 건강에 일으키는 문제에 처음 관심을 가졌고, 이후 여성환경연대 활동가로 일한 지 이십년이 되어간다. 내게 여성의 몸과 화학물질의 상관성, 의료과학기술에 대한 페미니즘적 개입, 비인간 동료와 공생하는 사회로의 전환은 어떤 의미일까? '안전함'이라는 키워드는 여성건강운동과 에코페미니즘 운동에서 어떤 위치를 차지하고, 어떻게 풍요롭게 하는 것일까?

한때는 활동가로서 회의에 빠진 적도 있었다. 이 위험 가득한 사회에서 일회용 생리대에 들어 있는 한두가지 화학물질을 줄이는 것이 의미가 있을까? 면월경대나 월경컵이 인간, 비인간 생명 모두의 지속가능성을 높이는 선택이기는 하지만, 주거환경이나 노동조건, 사회문화적 맥락 때문에 대안을 선택할 수 없다면 어떻게 해야 할까? 여성학을 전공한 에코페미니스트 활동가로서 나와 월경운동 사이에 생겨났던 어떤 호의와 긴장, 방황과 확장은 이런 질문에서 시작되었다.

공짜노동으로 소비되는 월경 문제

내가 면월경대를 처음 알게 된 건 1999년쯤이었다. 불교단체인 정토회가 쓰레기제로 운동을 시작했다는 소식을 들었다. 정토회 회원들이 비닐봉투 대신 장바구니, 일회용 생리대 대신 천을 접어 쓰는 월경대를 사용하고 화장실 휴지 사용을 줄이기 위해 뒷물하기를 실천한다는 이야기를 들었다. 당시 '꿈지모'(꿈꾸는 지렁이들의 모임)에서 에코페미니즘을 공부하며 생태적 앎을 체현하려 애쓰던 내게는 그들의 활동이 더 대단하게 느껴졌다. 매일 반복되는 사소한 귀찮음과 수고로움을 견뎌내는 게 어떤 혁명보다 힘든 일임을 알아갈 때였기 때문이다.

꿈지모에서는 생리대가 여성건강에 미치는 악영향과 생태계 오염을 일회용 생리대의 생산-소비-폐기라는 구조적 차원에서 분석하고, 에코페미니즘의 해답을 모색했다. 2003년에 출간한 『꿈꾸는 지렁이들: 젊은 에코페미니스트들의 세상보기』라는 단행본의 첫 꼭지 제목도 「생리대가 여성 건강을 망친다」였다.

그런데 한편으로는 지구를 위한 환경실천이 여성의 영역에만 유독 더 쉽게 요구된다는 사실에 반발심이 일기도 했다. 기업·군대·건설·정치 영역의 에너지 소비와 쓰레기 배출은 여성 개인에 비하면 규모 면에서 비교조차 할 수 없이 큰데, 변화에서는 매번 예외가 되는 것을 보았다. 월경혐오와 터부가 여전한 이 사회에서 환경보호라는 명분으로 여성에게만 추가적인 부담을 요구하는 것이 지나치다고 느끼기도 했다.

2003년 나는 이런 문제의식을 가지고 환경정책 토론회에 참석해, 여성을 과소비와 환경오염의 주범으로 몰면서 지구의 청소부 역할만 강요하는 환경단체나 종교기관의 가부장적인 '시민' 실천 관행을 비판했다. 일회용 생리대 대신 면월경대를 사용하면 소각장에서 배출되는 다이옥신을 줄이고, 일회용품으로 소모될 숲을 구해내고, 강과 바다를 오염시킬 독성화학물질을 줄여 지구생태계를 보존하는 데 기여한다. 그렇다면 여성이 공동체를 구하기 위해 공짜로 수행하는 이 공유노동을 사회적으로 의미화하는 차원에서 그 대가를 일부나마 '눈에 보이게' 지불해야 하는 것이 아니겠는가? 나는 면월경대를 사용하는 여성을 대상으로 대안월경용품·공동체 화폐·일부 교통비 등을 지급하는 정책을 만들자고 제안했다. 맞은편에서 내 말을 듣던, 나름대로 평등하고 민주적이라 평가받던 한 환경단체의 남성 활동가의 곤혹스러웠던 표정이 아직도 떠오른다. 책임 있는 시민으로서 기꺼이 수행한 공동체 노동에 꼭 그렇게 일대일 방식으로 대가를 요구해야 하냐고, 그렇다면 동강 개발이나 새만금갯벌 간척사업 반대 집회에 참가하는 시민에게도 세금을 감면해주고 교통편을 무상으로 지원해야 하냐고 묻는 것 같았다.

1980년대 페미니즘운동 내에서 벌어졌던 가사노동 임금 논쟁에서처럼, 모든 중요한 기여에 대한 보상을 화폐화하라는 요구가 정치적으로 올바른 방향인지, 금전을 보상받을 범위와 종류는 누가 정하는지, 재원은 어떻게 마련하는지, 재원 마련을 위해 끝없는 GDP 증가가 필수적인지 등 여러 고민이 파생됐다. 공동체 생산과 유지를 위한 필수노동임에도 '공짜'라는 이유로 무가치하게 취급되는 이 '쓸모있는 일'을 어떻게 의미있게 복원하고, 더 많은 사람이 기꺼이 참여하게 할 것인지 쉽게 정리되지 않았다.

여성 몸을 위협하는 독성물질과 '체화된' 지식

여성환경연대는 2000년대 중반부터 면월경대 워크숍을 진행해왔다. 일회용 생리대를 면월경대로 바꾸면 별다른 의학적 치료나 식이요법 없이도 심한 생리통이 완화된다는 경험담을 워크숍에 참가한 다양한 연령대와 직업군의 여성들에게서 흔히 들을 수 있었다. 2002년 꿈지모가 일회용 생리대에 관한 글을 계간지에 기고할 당시에도 이미 일회용 생리대에 함유된 독성물질의 유해성과 여성 건강에 미치는 영향에 대한 국내외 자료가 충분히 나온 상황이었고, 여성들의 경험담을 의심할 이유가 없었다. 하지만 주무 부처인 식약처와 환경부는 과학적 증거가 부족하다며 여성이 집단적으로 체험해 획득한 '체화된 지식'을 '사적인' '예민함'으로 일축했다. 월경하는 몸이 보장받아야 할 안전함은 기존 과학의 위계화된 지식체계가 둘러친 경계를 넘지 못하고 좌절하는 것처럼 보였다.

그러던 2017년 여름, 온라인커뮤니티 게시글로 시작된 일회용 생리대 피해 증언이 삼천명의 부작용 제보로 이어졌다. 결국 환경부와 식약처가 조사에 착수했고 2022년 10월, 삼년간 진행한 '일회용 생리대 건강영향조사' 결과를 발표했다. 요지는 일회용 생리대 사용으로 인한 화학물질 노출과 생리통, 생리혈색 변화, 어지럼증, 여드름, 두통, 외음부 짓무름, 외음부 통증 및 트러블이 관련성이 있다는 것이었다.[2] 1960년대 중반부터 한국 시장에서 판매되기 시작한 일회용 생리대가 여성의 몸에 이런 영향을 미치는데, 오십년 가까이 지난 2017년까지 단 한번도 조사된 적 없었다니. 이 기막힌 상황 속에서 여성들의 의심과 분노, 체화된 지식이 축적되어왔고, 도대체 과학이란 무엇이고 누구를 위한 것인가에 대해 질문하게 만들었다. 그리고 끝내 일회용 생리대와 부작용 간의 상관성을 '과학적으로' 밝혀냈다.

반도체 노동자 직업병을 연구한 김종영과 김희윤은 질병의 원인, 진단, 치료, 예방을 설명하는 주류의학 또는 과학지식에 반발해 환자의 집단 질병 경험을 중시하고 이들의 문제를 해결하기 위한 운동을 '체화된 보건운동'으로 정의한다.[3] 이 운동은 통계적 유의성과 엄격한 인과성에 기반을 둔 주류의학 지식체계를 거부하고 자신들이 몸소 겪은 경험과 환경을 바탕으로 지식을 구성한다는 점에서 대항과학의 성격과 중요성을 띤다고 설명한다. 2017년 일회용 생리대 유해성 논란은 여성들이 월경하지 않는 몸을 기준으로 한 가부장적 과학에 대항하는 동시에, 2차 대전 이후 평범한 일상으로 파고든 화학물질의 피해에 '내 몸이 증거'라고 증언하며 정부가 역학조사를 진행하도록 만든 사건이었다.

몸은 안팎의 경계가 뚜렷하지 않으며 화학물질 범벅인 일상용품 및 독성물질 가득한 사회구조와 공동구성되어 있다. 일회용 생리대뿐 아니라 합성세제, 향수, 화장품처럼 젠더와 관련된 다양한 미적 실천들은 화학물질에 민감한 여성들의 비율을 더 높이고, 생물학적 특성과 사회구성적인 실천이 화학물질에 의한 신체적 피해를 증폭시킨다.[4] 이 사실을 알아차리는 것이 여성건강 환경운동의 시작점이며, 비인간 동료 생명과 연결하고, 기후재난으로 멸종위기에 처한 다종의 동료들과 함께 살아남을 해법을 찾는 것으로 이어질 수 있다. 여성의 몸과 자연의 몸, 다종의 아픈 몸들의 연대와 상호돌봄이 필요하다.

환경정의와 교차성의 문제

2020년 초 시작된 코로나19 팬데믹 시기에는 전세계적으로 **월경빈곤**이 악화되었다. 팬데믹으로 인한 장기봉쇄와 경제위기가 여성들의 실업과 생활고로 이어졌기 때문이다. 2021년 '서울시 청소년 월경용품 보편지급 운동본부'의 설문조사 결과, 응답 청소년 1,234명 중 74.7퍼센트가 '비용이 부담돼 생리용품 구매를 망설인적이 있다'고 답했다. 74퍼센트가 '생리대 교체 권장시간(4시간)을 넘겨 사용한 적이 있다'고, 12퍼센트가 '사용개수를 줄이고자 휴지·수건 등으로 대체한 적 있다'고 답해 월경빈곤의 심각성을 드러냈다. 2021년 미국 내 18~49세 여성 1,037명을 대상으로 진행한 연구에서는 팬데믹이 월경빈곤에 미치는 영향에 대해 응답자의 30퍼센트가 '더욱 심해졌다'고 답했다.[5] 히스패닉계, 18세 미만의 자녀가 있는 가구, 연 소득 삼천달러 미만, 최종학력이 고등학교 졸업 이하인 경우에 팬데믹 기간 동안 저렴한 생리용품에 대한 수요도가 더 높았다.

월경권 보장을 위한 국제적인 지원에 있어서도 교차적 주체가 놓인 맥락을 고려해야 한다. 가령 에코페미니즘 연구자 A. E. 킹스A. E. Kings는 인도여성들이 겪는 교차적 월경문제를 사례로 언급한다.[6] 월경권 지원에 서구중심의 월경관리모델을 적용하면 사용과 폐기가 편리한 일회용 생리대와 탐폰을 제공하게 된다. 하지만 화장실과 휴지통이 절대적으로 부족하고, 폐기물 처리로 인한 하천·대기 오염 문제가 생존을 위협하는 인도 시골마을에 사는 여성들에게도 적합한 해법일까? 킹스에 따르면 지역에서 난 재료를 사용해 천 월경대를 만들어 사용하면 쉽게 분해되어 퇴비화되고, 지역경제 활성화에도 도움이 된다. 이처럼 월경과 성재생산건강을 다룰 때는 직업, 인종, 종교, 문화, 지역, 장애, 성적지향 등을 가로지르는 교차적 관점을 통해야만 '모두를 위한 월경권'을 실현할 수 있는 것이다.

이러한 환경정의와 교차성의 문제는 월경문제에만 해당되는 것이 아니다. 재난은 평등하지 않다. 유해물질의 영향력도 불평등한 사회구조를 따라 강화된다. 건축폐기물, 산업쓰레기, 유독물질 생산 공장, 송전탑, 원자력 발전소는 대도시에 들어오지 않는다. 여성 노인으로 고령화된 농촌지역에 자리 잡고 '동의 없이' 주민들의 몸 속으로 '침투'한다. 향수·화장품 사용처럼 젠더와 관련된 미적 실천들도 소비자-생산자-노동자 여성의 몸에 독성화학물질이 축적되는 중요한 통로가 된다. 지구를 위한 여성의 목소리[WVE]가 2023년에 발간한 보고서에 의하면, 미용실과 네일샵의 노동자는 매일 사용하는 제품의 화학성분에 노출된다.[7] 호흡기와 피부를 통해 작업자의 체내로 들어가 폐에 해를 끼치고, 피부알레르기 반응을 일으키며, 생식기능을 손상시키고 암을 유발하는 성분이다. 미용실 노동자 대부분은 여성, 유색인종이며 종종 저소득층이다. 이들의 건강은 성별·인종·경제적 지위로 인해 이미 무수한 위협을 직면하고 있고, 미용작업장에서 독성물질에 노출되며 그 위협이 가중된다. 여성환경연대가 2017년 실시한 네일샵 여성노동자 작업환경·건강 경험 실태조사에서도 유사한 결과가 나왔다. 조사 참여자 다수가 피부알레르기, 호흡기 질환, 비염, 피부염 등 부작용을 경험했다고 응답했다.[8]

일상 속 물건과 얽힌 우리와 세계

「세상의 물건으로 사고하기」라는 글에서 앨러이모는 물건을 자아와 분리된 것이 아니라 내가 속한 세상의 일부로 생각할 것을 제안한다. 세상의 물건으로 사고한다는 것은 물질적 실제, 흐름, 시스템 안에 자신을 포함시키는 사고방식이다. 우리가 경이롭게 여기는 자연만 물질성을 가지는 게 아니라 우리가 사용하는 물건 또한 어떤 면에서 신체적 자연으로서 우리 몸과 횡단한다.[9]

우리가 일상을 효율적으로 유지하기 위해 파괴하는 자연-몸들의 죽음 앞에서 비인간 생명과의 공존법을 고민할 때, 월경용품도 제외될 수 없다. 한국여성의 경우 한 사람이 13세부터 50세까지 약 삼십칠년 동안 한달에 오일, 하루 평균 다섯개의 일회용 생리대를 쓴다고 가정하면,[10] 우리는 평생 약 1만1천개의 생리대를 사용하게 된다. 이 만천개의 생리대를 생산하기 위해 매년 얼마만큼의 숲이 사라질까. 영국 여성단체 젠더와 기후변화의제WEN가 2021년 펴낸 보고서에 의하면, 일회용 생리대, 탐폰 및 어플리케이터 등을 포함한 영국의 연간 일회용 월경용품의 폐기물은 이십만톤이다.[11] 영국 여성 한명이 일생동안 평균적으로 최대 이백킬로그램의 일회용 월경용품을 버리고, 이는 5.3킬로그램의 이산화탄소 발자국에 해당한다. 더구나 이 보고서에서 다뤘듯 플라스틱 폐기물 매립, 해양 미세플라스틱 증가, 하수처리장 찌꺼기 슬러지sludge 발생, 일회용품 사용으로 인한 경제적 영향 등 일회용 월경용품 사용으로 인한 부수적인 문제도 수없이 많다. 이렇게 지구생태계에 피해를 끼치는 월경방식을 30~40년이라는 긴 시간 동안 유지하기를 원치 않는 여성들이 많다.

썩지 않는 플라스틱은 지구 위 많은 신체에 흔적을 남긴다. 북태

평양과 연결된 서북극해의 해빙, 해수, 해저퇴적물에 21만톤, 개수로는 10경개의 미세플라스틱이 존재한다.[12] 서북극해 해저에 퇴적된 미세플라스틱이 1930년대부터 2023년 현재까지 연 3퍼센트 비율로 증가해왔고, 북극해로 유입되는 미세플라스틱 양은 전세계의 플라스틱 생산량과 비례한다고 한다. 2015년에서 2050년 사이 플라스틱 생산이 폭증하면서 560억미터톤의 이산화탄소를 배출할 것이라는 우울한 전망도 있다.[13] 이제는 벌써 먼 옛이야기처럼 느껴지는 지난 팬데믹 기간 동안, 감염 방지와 개인 위생관리라는 명분 아래 넘쳐났던 일회용 마스크와 일회용 생활쓰레기, 비대면으로 안전하게 배달해주던 음식 포장재들이 버려져 다 어디로 갔을까? 인간이 창조한다고 생각했던 물질이 실은 인류 전체를 움직이게 하고 나아가 우리를 공멸로 이끌 것이라 예견된다.[14]

플라스틱과 합성화학물질은 석유에서 만들어지고, 석유는 오래 전 지구에 살았던 유기체가 남긴 흔적이자 우리 또한 그 일부임을 증언하는 기록이다. 우리의 몸도 지구 혹은 석유와 유사한 유기체적 구성이고, 결국 석유로 만든 제품들과 우리의 몸은 멀리 거슬러 올라가면 친척지간이다. 따라서 우리 몸은 태생적으로 석유에서 유래한 화학물질이 침투하기 용이하다. 세계와 우리는 모두 중독된 몸이다. 화학물질과 플라스틱을 생산하는 노동자와 그것이 생산되는 땅과 공기와 물, 나중에 그것을 흡수하는 식물과 동물 모두가 중독된다. 플라스틱과 화학물질은 생산에서 운송, 폐기에 이르기까지 제품 수명주기 전반에 걸쳐 온실가스를 배출하고, 우리와 지구의 몸을 기후재난에 빠트린다. 인간은 물건으로부터 영향을 받고 물건은 인간으로부터 영향을 받는다.

앨러이모는 자신의 횡단-신체성 trans-corporeality이라는 개념이 인간중심적인 경향이 있는 환경보건 및 환경정의 운동에서 비롯되었지만, 모든 생물이 자신의 몸과 장소의 교차로 안에 존재한다고 상상하는 방식으로 확장될 수 있다고 했다. 모든 생명체가 물, 공기, 영양분, 독성물질 및 기타 물질의 끊임없는 흐름과 함께 장소와 상호작용하는 방식을 인식하면 우리가 항상 이미 서식하고 있는 많은 물질적 기호체계에 대한 책임을 져야 한다.[15] 세계와 분리된 나는 없다.

우리가 공모한 것을 되돌아보는 재생산정치

2023년 1월 "가장 강력한 피지컬을 가진 최고의 '몸'을 찾기 위해, 최강 피지컬이라 자부하는 100인이 벌이는 극강의 서바이벌 게임 예능「피지컬 100」이라는 프로그램이 넷플릭스에 공개되었다. '강력한, 최강, 최고의 몸'이라는 수식어를 내세워 여성 보디빌더를 등장시켜놓고는 여성의 몸에 젠더화된 돌봄이나 아름다움 따위를 부착시키는 게 아니라, 남성과 똑같이 체력의 강인함만을 다투게 해 여성들 사이에서도 화제를 모았다. 축구하는 여자들의 성장과 자매애, 리더십과 체력을 다룬「골 때리는 여자들」의 흥행으로 동네 축구모임에 진심이 된 여자들, 여자는 체력이라며 PT강습에 열심인 여성들이 대단하고 멋지다. 남자들이 가둔 몸에서 벗어나 몸의 주인이 되는가 싶다. 그런데 마음 한쪽 구석이 불편해지는 이유는 무엇일까? 나는 강인한 몸, 근육질에서 남성과 평등한 몸을 확보하는 젠더파괴와 모든 것을 돈 들여 유지하는 고비용 일상의 미세한 구축 사이에서 헤맨다. 여자든 남자든 노인이든 나약하고 의존적인 몸, 관리되지 못한 몸이 설 자리는 점점 좁아지는 걸까?

여성들은 월경하지 않는 몸처럼 일하고 생활하고 공부해야 남성과 동등한 자유와 평등과 권한과 책임을 획득할 수 있다며 스스로의 월경하는 몸을 불편해하고 다그친다. 자연에서 도망치고 멀어지는 게 남성이 규정한 몸의 한계에서 벗어나 성평등해지는 지름길이라 배운다. 월경, 돌봄, 살림은 자본주의 사회에서 생산성이 떨어지고, 효율적이지 않은 것으로 취급받는다. 월경하지 않으면 더 길게 일하고 더 많이 공부하고 더 여러 곳을 여행하고, 더 안정적인 일자리와 주거를 마련할 텐데, 월경만 아니면 성공할 텐데! 결혼계획도 출산계획도 없는데 왜 계속 월경을 해야 할까? 이런 말들에는 월경과 월경하는 몸을 제거해야 할 대상으로 여기며 고장난 부품처럼 잘라내도 괜찮은 것으로 취급하는 마음이 내비친다. 페미니즘이 능력주의와 잘못 만나면 몇몇 성공한 여성의 사례에 집중하며 사회구조적인 차별과 배제에 둔감해지듯, 성장강박증에 걸린 속도사회에서 경쟁력과 생산성이 현저히 떨어지는 월경 경험과 자신의 몸을 강박적으로 분리하려는 시도로 느껴져 못내 불안하다.

자급적 관점을 제안한 미스의 말처럼, 경제활동의 목표가 익명의 시장에 내놓을 상품을 생산하는 것이 아니라 삶을 창조하고 유지하는 것이듯 인간과 비인간 동료의 몸도 상품가치를 잣대로 존속·폐기의 처분을 받을 대상이 아니다. 그러나 월경과 일회용 생리대의 관계를 통해 소비자본주의적 상품추구와 횡단-신체성이 드러난다. 한국의 일회용 생리대는 해외 제품보다 얇고 비싸다. 해시태그 #피말라 #개말라로 압축되는 프로아나proana 신드롬(거식증 anorexia에 찬성한다pro는 뜻의 합성어로, 섭식장애 환자의 극단적으로 마른 몸을 선망하는 현상)이 유행하는 한국사회에서, 얇은 생리대는 방해물 없이 매끈한 신체라인을 추구하는 외모권력사회에 최적화되어 월경을 비가시화하는 상품이다. 화장실 갈 시간도 없이 집중해서 일하는 피로사회의 산물이기도 하다. 이렇듯 일회용 생리대의 독성물질을 추적하는 작업은, 여성의 몸을 가로지르는 느슨한 규제, 젠더, 환경피해의 실상 및 전지구적으로 연결된 여성용품 독과점체제 등이 모든 문제에 대한 사회의 무관심에 대한 폭로로 이어진다.

『말 살 흙: 페미니즘과 환경정의』의 저자 앨러이모의 표현을 다시 빌리자면, 에코페미니스트 윤리는 "우리가 누비고 지나가 얽힌 그물망들을 풀어내는 것에 관한 것이며, 환경/자연-몸과 우리 몸들은 내부 작용하면서 공동 구성"[16]되는 것이라는 인식이 필요하다. 내 삶이 만든 파괴적 결과에 대한 무지와 망각은 기후위기의 원인이자 소비자본주의의 토대. 썩은 파이를 평등하게 먹기 위해 경쟁하는 발전주의 패러다임에 연연해서는 이 위기를 벗어날 수 없다. 기후위기와 젠더문제는 서로 맞닿아 있으며, 이 상호연결과 상호의존을 강하게 인식해야 한다. 그리고 탈성장이라는 상상력을 통해 기후위기와 젠더문제, 여성건강문제를 한꺼번에 해결할 수 있도록 모색해가야 한다.

기후문제가 우리에게 던지는 질문은 하나다. 어떻게 **공생할 것인가?** 기후문제는 다층적인 문제들을 동시에 드러낸다.[17] 그 앞에서 우리는 희미하지만 열려 있는 길을 찾아낼 것이다. 생산과 효율성이 아니라 반복과 재생성이 중시되는, 다른 몸들의 희생 속에서 페달을 밟아 가속하는 것이 아니라 다종의 얽힘과 마주침에 순응하는, 그래서 인간과 비인간 생명 모두에게 안전하고 다정한, 공생의 사회로 가는 길을.

트랜스 경험과 퀴어 상상력

황 선 애

에코페미니스트가 되어가기

내가 에코페미니즘을 만난 건 거의 이십년 전, 2000년대 초반이었다. 독일에서 독일 문학을 공부하고 돌아와 강사 생활을 하던 중 생태주의 연구팀에 합류하게 되었고, 내가 에코페미니즘 부분 연구를 맡게 되었다. 사실 생소했다. 독일에서 페미니즘 이론은 접했지만 에코페미니즘은 들어보지 못했다. 독일이 서구의 어느 나라보다 환경정책이나 운동에서 앞서가고 있는데도 인문학 분야에서 에코페미니즘이 주목받지 않은 것이 의외여서 자료를 찾아보니, 에코페미니즘 이론과 담론은 주로 영미권에서 활발하게 연구가 이루어지고 있었다. 이렇게 입문한 에코페미니즘에 대해 공부하면서 한국에서 에코페미니즘 활동을 펼치는 여성환경연대와도 인연이 닿았고 내가 살던 지역에 풀뿌리 단체도 만들어 함께 활동했다. 이렇게 이론을 공부하고 실천을 도모했어도, 나는 여전히 에코페미니스트가 '되어가는 중'이다.

생태주의를 삶에서 실천해내는 게 쉬운 일은 아니다. 자본주의 소비사회를 살아가는 대부분의 사람들의 일상에서 생태주의 실천은 만만치 않다. 21세기 인간의 존재 방식은 이미 이런저런 식으로 소비자본주의와 얽혀 있고, 모두가 자신도 의식하지 못하는 사이에 생태계를 파괴하는 데 일조하고 있다. 여성주의는 어떨까? 페미니즘이란 말을 부정적으로 받아들이는 사회 분위기 속에서 여성주의는 여전히 쟁투 중이다. 페미니즘은 여성의 권리와 자유를 쟁취하기 위해 시작되었지만 같은 여성이어도 인종과 계급에 따라 차별적 문제에 다르게 직면한다는 인식은 페미니즘운동의 범위를 확장하는 계기가 되었다. 여기에 20세기를 통과하면서 환경문제에 대한 인식이 더해져 에코페미니즘이 탄생했다. 에코페미니즘은 인간중심의 기독교 문화와 남성 우월의 가부장제에 의해 여성적 원리가 규정되고 비하되어온 역사가 인간에 의한 자연파괴의 역사와 무관하지 않다고 보고 이를 비판한다. 이렇게 서구에서 이론화된 에코페미니즘은 한국에서도 페미니즘운동의 한 흐름이 되었지만 오랫동안 큰 관심을 받지 못했다. 그러나 이제 기후위기가 코앞에 닥친 현실에서, 어쩌면 에코페미니즘은 우리 사회에 변화의 물결을 이루어낼 수 있는 가장 중요한 이론 및 실천 운동이 될 수 있을 것이다.

퀴어 에코페미니즘

에코페미니즘이 내 삶의 지향점이 된 또다른 이유는 그 확장성이다. 21세기 에코페미니즘은 환경문제를 넘어 퀴어의 문제도 포함한다. 퀴어 에코페미니즘의 대표적 이론가인 그레타 가드는 비판적 에코페미니즘[1]을 통해 에코페미니즘이 나아가야 할 방향을 제시한다. 여기에는 포스트휴머니즘, 동물권운동, 퀴어운동이 포함된다. 인간중심주의를 넘어서야 한다는 포스트휴머니즘을 공유하고, 비인간 동물과 인간의 관계가 어떻게 재정립될 수 있는지 사유하며, 퀴어 이론을 통해 가부장적 사회의 이성애 규범성을 비판하는 것이다.

성소수자인 퀴어는 한국사회에서 여전히 혐오와 차별의 대상이다. 지난 몇년간 성소수자 당사자들의 죽음이 미디어를 통해 알려지고, 성소수자 활동 단체들이 많이 생겨나면서 성소수자의 존재가 대중의 관심을 끌게 되었다. 성소수자에 대한 인식도 조금씩 변화하고 있다. 그러나 성소수자를 볼모로 차별금지법에 반대하는 일부 기독교 단체가 보여주듯, 혐오와 차별은 더욱 심해지고 있다. 「퀴어 에코페미니즘을 향해」[2]라는 글에서 그레타 가드는 서구 문화의 퀴어혐오가 기독교 문화의 성애혐오와 이성애주의에 뿌리를 두고 있음을 밝힌다. 기독교 문화에서 생식을 목적으로 하지 않는 성적 행위는 부자연스러운 것으로 간주되었고, 이와 함께 여성의 역할을 아이를 낳고 키우는 것에 한정시켜 모성이 강조되었다.

생식을 목적으로 하지 않는 모든 다른 형태의 성애를 자연에 반하는 것으로 보는 성애혐오적 문화는 특히 서구 제국주의의 식민주의 관행에서 두드러진다. 아메리카 대륙을 발견한 유럽 식민주의자들은 동성애와 트랜스젠더를 자연스럽게 인정하는 원주민들의 문화 관행을 근절 대상으로 보고 자신들의 침략을 정당화한다. 기독교 성애혐오의 또다른 사례로 가드는 중세시대의 마녀 사냥을 언급하기도 한다. 마녀사냥이 여성 억압 사례로 알려져 있지만, 성애혐오의 사례이기도 하다는 것이다. 마녀들은 성적으로 문란하고 동성애를 행했다는 이유로 억압받고 처형당했다. 마녀 처형식에서는 남성 동성애자들도 함께 처형을 당했는데, 여기에서 화형에 사용되는 나무막대기 다발이 영어로 faggot이다. 동성애자들을 속어로 faggot이라 부르는 관행은 여기에서 유래한다.

자연스러움과 자연스럽지 못함을 구분하면서 자연을 이상화하는 서구 기독교 문화는 다른 한편에서는 인간중심주의와 우월주의를 강조하면서 자연의 지배를 정당화하는 모순을 보인다. 그런데 서구 기독교 문화에서 '자연스럽다'라고 보는 기준은 실제 자연과는 상당히 거리가 있다. 우리는 생물학·생태학 연구를 통해 자연세계에서는 퀴어가 그야말로 자연스럽다는 걸 알게 되었다. 닭, 칠면조, 카멜레온, 소에게서 암컷끼리의 동성애적 행동이, 초파리, 도마뱀, 황소, 돌고래, 유인원에게서 수컷 동성애가 관찰된다. 달팽이와 지렁이는 자웅동체이며, 잉어 중에는 암컷밖에 없는 종류도 있다. 짝짓기를 하는 방식도 다양해서 얼룩말과 침팬지, 대부분의 고래는 성생활이 꽤 '문란'하고 하마처럼 암컷과 수컷이 대부분의 시간을 따로 보내다가 짝짓기를 위해서만 만나는 동물들도 있다.

이처럼 동물 세계의 섹슈얼리티와 젠더는 다채롭다. 이성애 규범에서 벗어나지 못하는 인간사회와 달리 동물의 세계에서 섹스는 반드시 '생식'을 위해 이루어지지도 않으며 이것이 환경에 더 적절한 경우도 있다. 자연과 인간의 다양한 젠더와 섹슈얼리티를 연구한 진화생물학자 조앤 러프가든Joan Roughgarden은 『진화의 무지개』에서, 동물 세계에서는 짝짓기와 번식이 동일한 개념이 아님을 설명하고 동성애 짝짓기와 다양한 젠더의 수많은 사례들을 보여준다. 그리고 과학자들에게는 동성애가 '부자연스럽다'는 주장을 반박해야 할 직업적 책임이 있다고 역설한다.[3]

지식은 인식의 확장을 가져온다. 자연에 대한 더 깊은 이해는 인간 자신에 대한 이해를 넓힌다. 자연세계의 다양성으로부터 자연의 일부인 인간은 무엇을 배울 수 있을까? 영미권에서 활발히 이루어지고 있는 퀴어와 생태주의 간의 연관성 연구는 자연에 대한 이해가 어떻게 섹슈얼리티 이해에 도움이 되는지, 또 반대로 섹슈얼리티에 대한 이해가 자연 혹은 환경 문제에 어떤 도움이 될 수 있는지 탐구한다.

2010년에 출간된 그레타 가드의 『퀴어 생태학』[4]에서는 자연과 환경의 문제를 섹슈얼리티의 관점으로 새롭게 조명했다. 이 책의 서문은 유명한 퀴어 영화 「브로크백 마운틴」을 언급하며 시작한다. 2005년에 개봉한 이 영화는 아카데미 감독상을 수상하면서 대중적으로도 크게 알려졌다. 책에서는 이 영화의 배경이 되는 자연환경을 섹슈얼리티와 연관시켜 해석한다. 동성애자는 여성스럽고 부드럽고 예민하다는 편견을 깨뜨리며, 남성성이 강하게 드러나는 카우보이를 주인공으로 하는 이 영화는 대자연 속의 사랑 이야기를 통해 자연스러움과 부자연스러움에 대한 담론에 새로운 시각을 제시한다. 영화에서 이들의 사랑은 대체로 대자연 속에서 이루어진다. 사회적으로 인정받지 못하는 이들의 사랑이 도피처로 찾은 곳이 자연인 한편, 이들의 섹슈얼리티가 자연에서 이루어짐은 이들의 동성애가 자연스러운 행위임을 시사하기도 한다.

『퀴어 생태학』에서는 자연 공간이 역사적으로 다양한 의미를 띠게 되는 사례를 나열하면서 자연이 섹슈얼리티와 관련해 어떤 의미의 변화를 겪는지 보여주기도 한다. 예를 들어 「브로크백 마운틴」의 배경인 야생지 황야wilderness는 동성애가 자연스럽게 묘사되는 지역이지만, 2차 대전 이후 야생적 자연은 사냥·낚시·등산 등의 활동이 활발하게 이루어지면서 남성성이 강조되는 공간이 됐고, 정상가족 캠핑이 이루어지는 공간으로 이성애화됐다. 고대 그리스의 전원적 자연이 동성애가 이상화되는 공간이었던 반면에, 도시 속 자연환경인 공원은 특정한 성애적 행위를 이상화하고 허용하는 공간이 되기도 한다. 이런 사례들을 보면 자연과 섹슈얼리티의 관계가 역사적·정치적·공간적·문학적으로 다채롭게 의미화되고 해석됨을 알 수 있다. 『퀴어 생태학』은 이처럼 자연과 섹슈얼리티의 관계에서 나타나는 다양한 이념과 실천을 분석하면서 이성애 규범성을 문제 삼는다.

이성애 규범성에 저항하는 것이 환경문제와 기후위기에 중요한 의미를 갖는 이유는 자연파괴·여성 비하·성애혐오의 뿌리가 같다고 보기 때문이다. 서구 기독교 문화는 인간(남성)중심주의로 여성을 비하했고 여성과 자연을 동일시하면서 자연을 착취의 대상으로 보았으며 남녀의 결합을 통한 생식을 제외한 모든 다른 형태의 성애 형태를 잘못된 것, 부자연스러운 것으로 간주해 억압했다. 한국사회에서 동성애 혐오를 적극적으로 드러내는 일부 기독교 집단 역시 이성애 중심주의를 고수하고 '정상가족'을 옹호한다. "여자 사위, 남자 며느리가 웬말이냐!"라는 구호를 외치며, 건강가족기본법 개정안 발의에 "인류를 무너뜨리고 건강한 가족을 파괴하는 악법"이라 비난하고 반대하는 이들은 기독교의 성애혐오와 가부장적 이성애 규범성을 고스란히 이어받은 듯하다. 이러한 혐오는 인간을 포함한 자연 세계의 다채로움과 다양성에 대한 무지를 드러낼 뿐이며 무엇보다 생명에 대한 감수성 결여를 보여준다.

가로지르고 횡단하기

기후위기를 맞은 우리는 그 어느 때보다 생명에 대한 감수성을 키워야 한다. 이는 멸종위기 동물과 소비자본주의의 대규모 축산업에서 기계처럼 '처리'되는 동물들의 생명에 대한 감수성뿐 아니라 기후재난으로 생명을 잃는 사람들, 혐오와 차별로 인해 목숨을 버리는 사람들에 대한 이해와 공감의 능력을 키우는 일도 포함된다. 기후위기는 사회의 부정의와 불평등을 심화시킨다. 이는 국제적으로 부유한 나라와 가난한 나라의 격차에서 나타날 뿐 아니라 한 사회 안에서도 분명하게 드러난다. 취약한 계층이나 집단, 예를 들어 노약자와 장애인, 혹은 경제적 약자 들은 기후위기에서 누구보다 먼저 그 영향을 받게 된다. 이들은 폭우가 쏟아질 때 빠르게 대처할 수 없고 폭염 속에서는 열기를 참고 견뎌야 한다. 바이러스가 확산할 때 혐오의 대상이 되어 사회적 차별을 견뎌야 하는 이들도 있다. 성소수자들이 그들이다. 사회학자 조효제는 『침묵의 범죄 에코사이드』에서 환경위기는 곧 인권위기라는 문제의식을 보여주며 지구를 살리는 일이 인권을 지켜내는 일이라고 말한다.[5] 그는 환경파괴와 인권 침해가 동시에 발생하는 많은 사례를 보여주면서 정의와 사회불평등, 인권의 관점에서 기후위기에 접근할 필요가 있음을 역설한다.

　사회적 소수자와 취약 계층이 기후위기의 가장 큰 피해자이고, 이들의 인권은 보호되어야 한다면, 기후정의의 일부로서 성소수자의 인권을 옹호하는 것을 넘어서 성소수자가 기후위기에 맞서 주요한 역할과 기여를 할 수는 없을까? 어쩌면 퀴어 혹은 트랜스젠더로서의 존재 자체가 기후위기에 맞설 영감을 줄지도 모르겠다. 기후위기시대에 우리는 이제까지 살아온 방식을 되돌아보면서 동시에 인간이 무엇인가라는 질문을 다시 던지게 되었다. 인간 정체성에 대한 깊은 이해는 환경문제를 해결하는 데 매우 중요하다. 오랫동안 우리는 인간과 자연을 분리해 생각해왔지만 이제 기후위기가 바이러스의 출현과 폭염, 폭우의 형태로 우리의 삶에 침투하는 상황에서 자연을 우리와 동떨어진 대상으로 대할 수 없게 되었다. 환경오염으로 건강을 해친 사례에서 깨달음을 얻은 앨러이모는 횡단-신체성 개념으로 인간을 재정의한다.[6] 자연과 물질과 인간 몸의 경계는 더이상 분명하지 않고 미세하게 서로를 가로지르며 영향을 주고받는다는 인식은 기후위기시대에 중요한 개념이 되었다. 인간이 자연과 물질적 환경과 분리되지 않고 그 일부로서 끊임없는 상호 관계에 놓여 있음은 생태적 인간으로의 전환을 촉구한다.

2020년에 출간된 『트랜스생태학』의 부제는 "환경과 자연에 대한 트랜스젠더 관점"이다. 트랜스젠더 당사자이자 연구자인 수전 스트라이커Susan Stryker는 트랜스 정체성을 삶에 내재한 가능성을 이끌어내는 기술로서 이해한다.[7] 서문을 쓴 가드는 트랜스를 고정된 존재가 아니라 구성되는 과정으로 보고, 고정된 상태로서의 존재를 문제 삼는 개념으로 파악한다.

기후위기시대에 우리의 존재는 더이상 이제까지 살아온 삶의 방식을 고수할 수 없다. 그 정도로 이미 인간 정체성은 '신체 횡단적'이 되었다. 이런 상황에서 생태적 인간으로의 전환은 가로지르고, 횡단하고, 이행하고, 변화하는 삶을 통해서 가능하다. 무엇보다 중요한 것은 인식의 변화다. 자연과 섹슈얼리티에 대한 이해를 통해, 자연과 생명의 다양성에 대한 지식의 확장을 통해 우리는 이제까지 갖고 있던 고정된 사고방식의 틀을 깨고 지금까지 살아온 삶의 방식을 바꿈으로써 기후위기에 대응할 수 있을 것이다.

「브로크백 마운틴」에서 두 주인공이 "나는 퀴어가 아니야"라고 한 대사에서 엿볼 수 있듯, 퀴어라는 말은 영화의 배경이 되는 1960년대에는 동성애자를 가리키는 부정적 속어로 사용되었다. 그러나 이제 퀴어는 성소수자들이 긍정과 자긍심을 담아 스스로를 지칭하는 말이 되었다. 영어에서 퀴어는 같은 게르만어족에 속하는 독일어 크베어^{quer}처럼 '가로지르다'라는 의미다. 트랜스젠더의 트랜스는 접두어로 사용되며, 횡단, 이행, 변화의 의미가 있다. 퀴어와 트랜스는 둘 다 어떤 고정된 정체성이 아니라 가로지르고, 변화하고 유동하는 정체성을 이야기한다. 퀴어는 기존의 틀을 가로질러 경계를 허물어뜨린다. 이성애적 규범성을 가로지르고, 남녀로 구분되는 이원적 성정체성을 가로지르는 '젠더 무법자'이다. 자연을 비하하고, 자연스러움을 오해하고, 다양한 섹슈얼리티와 젠더 정체성을 부정해온 모든 문화적 이데올로기의 틀을 타파하는 퀴어 정체성은 기후위기시대에 새로운 인간 정체성의 전범이 될 수 있지 않을까.

나의 트랜스 경험은 트랜스젠더 자식의 부모가 되는 것이었고, 그 경험은 내가 갖고 있던 지식과 사고의 틀을 완전히 깨버렸다. 딸이었던 아이가 십대가 되어 자신이 남자인 것 같다고 말했을 때, 트랜스젠더에 무지했던 나는 아이를 이해하지 못했다. 독일에서 공부하면서 동성애자인 성소수자를 가까이에서 경험한 적은 있지만 트랜스젠더를 만난 적은 없었다. 인간의 경험이란 이토록 제한적이고, 그렇게 만들어진 한계를 벗어나는 것은 고통을 수반했다. 하지만 '자신의 모습 그대로 살지 못한다면 살 이유가 없다'는 아이의 말과 공허한 눈빛은 나의 마음을 한순간에 바꾸었다. 어떤 모습이든 상관없어. 그냥 살아 있기만 해. 생명은 무엇보다 고귀하고 소중한 것이니까. 나의 아이는 자신을 찾고 스스로의 삶을 개척할 수 있게 되었지만 한국사회의 다른 트랜스젠더와 퀴어 당사자들은 혐오와 차별을 견디지 못해 죽음을 택하기도 한다. 나의 트랜스 경험은 이들의 죽음을 마주하면서 여전히 진행 중이다. 그 어느 때보다 생명에 대한 감수성이 필요한 기후위기의 시대에, 혐오와 차별로 생명이 사라져서는 안된다.

트랜스젠더와 퀴어는 인간의 생물학적 다양성을 보여주는 전형이며 인간 정체성의 경계를 확장하는 소중한 존재이다. 그리고 이들의 생명 또한 동등하게 귀하고 축복받아야 한다. 퀴어의 자긍심을 드러내는 퀴어 축제는 생명의 축제다. 생명을 중요시하는 감수성을 키우는 것이 어느 때보다 필요하고 절실한 이 시대에 이 축제는 더욱 확대되고 확산되어야 한다. 모든 사람이 생명의 다양성을 체험하고, 그 아름다움을 경외할 수 있을 때 우리는 조금씩 생태적 인간으로 '트랜스'할 수 있지 않을까.

퀴어적 상상으로

인간 정체성의 본질을 이루는 섹슈얼리티는 복잡하고 다양하며 신비롭기조차 하다. 이성애가 정상적 성애 형태라 믿고 동성애에 반대하지만 실제 성적지향의 형태는 아주 다양하고 복잡하다. 우리가 누군가에게 끌린다고 했을 때 그것이 그저 로맨틱한 것인지 혹은 성적인 끌림인지도 구분된다. 누군가에게 끌려도 성적인 관계까지 원하지 않을 수도 있다는 말이다. 게다가 이성에게 끌리는 것이 다수의 형태로 나타나더라도 동성에 끌리는 사람, 양성 모두에게 끌리는 사람, 아니면 누구에게도 어떤 로맨틱한 끌림이나 성적 끌림을 느끼지 않는 사람도 있다. 성별에 있어서도 남성과 여성 뿐 아니라 간성 intersexuality도 존재하며, 트랜스젠더처럼 본인의 몸과 자신이 느끼는 성별이 일치하지 않는 경우도 있다. 트랜스젠더라는 범주 안에서도 자신을 남자도 여자도 아니라고 느끼는 젠더퀴어, 혹은 남자 여자의 정체성을 오가는 젠더플루이드 등 다양한 유형이 있다.

독일의 저명한 의사이자 성과학자인 마그누스 히르슈펠트 Magnus Hirschfeld는 1919년 베를린에 세계 최초의 섹슈얼리티 연구 기관을 설립하고 현장 연구를 통해 성적 정체성에 대한 새로운 사실을 밝혀냈다. 성적 정체성이 아주 다양하고 유동적이며, 누구도 일생을 거쳐 '진정한' 하나의 성 유형이 될 수 없다는 것이었다. 그는 그 다양성을 분류해 4,304만 6,721종까지 밝혀냈고, 이런 다양성 때문에 인간은 개인의 차이보다 그들이 공유하고 있는 인간성에 의해 정의된다고 생각했다.[8]

우리는 우리 자신에 대해 잘 모를 수 있다. 성소수자 가시화는 우리 자신에 대해, 인간의 섹슈얼리티에 대해 새롭게 생각해 볼 수 있는 계기가 된다. 또한 섹슈얼리티의 다양성과 차이를 이해하고 다름을 받아들이기 위해 우리는 공감할 수 있어야 한다. 공감은 상상력을 필요로 한다. 타자의 입장을 상상해봄으로써 이해의 가능성이 열린다. 이러한 공감능력은 기후위기시대에 절대적으로 필요하다. 자연을 우리가 조작하고 지배할 수 있는 대상으로 보는 것에서 벗어나 생태계를 이루는 일원으로 우리와 평등한 관계 속에서 상상하는 것이 필요하다. 비인간 동물을, 그것이 음식으로든 반려 동물이든, 인간이 자신의 필요를 위해 취하는 것에서 벗어나 의미 있는 타자로 바라보는 것이 필요하다. 자연 환경도 마찬가지다. 산의 나무와 바위, 땅과 바다, 이 모든 것이 생태계를 이루는 주요한 일부임을 자각하고 이들을 단순히 대상으로 바라보지 않고 '상대'로 바라볼 필요가 있다.

일부 에코페미니스트들은 자연을 향한 에로티시즘을 얘기하기도 한다. 2013년 다큐멘터리 「굿바이 굴리 산」[9]에서는 석탄 채굴과 산 정상 폭파에 저항하는 에코페미니스트들이 에코에로티시즘을 행위예술로 펼치기도 한다. 이들은 자연을 에로티시즘의 상대로 바라보며 인간의 섹슈얼리티를 확장한다. 이들이 보내는 메시지는 분명하다. 지구를 구하기 위해 우리의 상상력은 확장되어야 한다는 것. 퀴어적 상상력은 인간 정체성에 대한 이해를 확장하고, 더 나아가 비인간 동물과 물질적 자연환경에 대한 이해와 공감을 가능하게 한다. 공감은 돌보는 마음이다. 위기의 시기에 우리에게 필요한 건 이 마음이다. 이 마음이 확산해 인간이 서로를 돌보고, 이를 넘어서 비인간동물, 자연환경을 돌볼 수 있다면, 그렇게 서로 연결될 수 있다면, 더 나은 세상을 기대해볼 수 있지 않을까.

『모비-딕』의 고래와 여성의 몸

이 미 숙

바다를 유영하는 고래가 준 치유

나는 젊은 날에도 날씬한 몸을 별로 바라지 않았다. 그래서 주로 통통한 체형을 유지했다. 나의 미적 관점은 살과 몸에 대해 긍정적이었고 나는 다이어트에 그렇게 열을 올리지 않았다. 그런데 이십 대 후반, 만난 지 얼마 되지 않은 남자친구가 나에게 5킬로그램을 빼면 삼십만원을 주겠다는 제안을 했다. 정말 충격적이었다. 너무 불쾌해서 무시했지만 그에게 이상적인 몸매를 요구당한 스트레스였는지, 1993년 4월 16일, 만 28세의 나이로 유방암 진단을 받고 왼쪽 가슴 하나를 절제하게 되었다. 이 사건은 내 인생 자체를 뿌리째 뽑고 앞날을 마구 뒤흔들었다. 유방암 3기로 육개월 남짓 더 살 수 있을 것이라는 의사의 무지막지한 소견은, 죽음의 그림자와 함께 나를 암의 재발, 전이의 두려움에 떨게 했다. 그리고 나는 오랜 세월 한쪽 유방만 가진 여성의 몸으로 바디 콤플렉스에 시달리며 트라우마를 겪어야 했다.

진단 당시 나는 영문학 석사 과정 중이었는데 의사는 스트레스를 받을 수 있는 공부를 그만두라고 권유했다. 그렇지만 어떻게 살아가야 할지 막막한 상태였던 나는 오히려 공부에 더욱 매달렸다. 나는 석사학위논문 주제로 19세기 미국 작가 허먼 멜빌^{Herman Melville}이 쓴 『모비-딕』을 선택했다. 이 소설은 미국의 산업 발전에 중요한 기름을 얻기 위해 바닷속의 고래를 포획해 경유를 추출하는 포경업을 다뤄 고래백과사전 같은 서지학적 정보를 제공하고, 포경현장을 매우 사실적이고 상세히 보고하는 생태 다큐멘터리적 성격으로 잘 알려져 있다. 그러나 이 소설은 심층심리학자 칼 융^{Carl Jung}이 말한, 인간 내면의 집단적 혹은 개인적 무의식에서 겪는 위험한 '밤바다 여행'이자 '지하세계로의 하강 여행'이 상징적인 형상화와 은유적인 언어 유희로 긴밀히 교직되어 있는 형이상학적 항해로도 읽을 수 있다.

융은 인간의 의식적인 이성이 자신의 미래를 알아보지 못하는 어두컴컴한 순간일지라도 무의식이 정확히 미래를 볼 수 있다고 했다. 어쩌면 유방암이라는, 앞날을 예측할 수 없는 어두컴컴한 밤바다에 부유한 채 앞으로 나아갈 방향도 잃고 두려움에 떨며 혼자서 헤쳐나가야 할 고독한 운명에 맞닥뜨렸을 때, 나의 깊은 무의식이 나를 그 소설 속으로 끌어당기며 지구상에서 가장 큰 몸을 가진 검은 고래를 좇도록 이끌었던 것 같다. 소설 속에서 인간의 이성으로 도저히 파악할 수 없는 거대한 자연의 힘 혹은 운명을 상징하는 흰 고래 모비-딕에게 다리 한쪽을 잃고 고래뼈로 만든 목발에 의지한 에이햅 선장의 울분은, 한쪽 유방을 잃고 암의 공포와 바디 콤플렉스에 어쩔 줄 몰라하던 내가 동병상련을 느끼게 해주었다.

삼십년 전만 해도 암 진단을 받으면 곧 죽을지도 모른다고 생각하는 시대였고, 생존 가능성을 보장해줄 만한 항암 처방도 딱히 없었다. 당시 나에게 처방된 화학치료는 너무 독해서 암세포뿐만 아니라 건강한 세포까지도 죽일 정도였고, 그런데도 나는 전이의 위험을 미리 막기 위해 유방 전체 및 유방과 연결된 겨드랑이 임파선까지 절제해야 했다. 그간 수많은 연구와 임상을 통해 과거보다 훨씬 더 효과적이고 안전한 치료법이 개발되었지만, 여전히 암이라는 질병에 대해서는 의사를 포함해 그 누구도 함부로 완치와 기대수명을 단정할 수 없다. 오랜 세월을 암 생존자 꼬리표를 달고 살아온 나는, 뒤돌아보니 암 투병에서 암세포를 없애기 위해 병원에서 처치하는 통상적인 수술과 화학치료 못지않게, 어쩌면 더욱 중요한 것은 삶 그 자체와 생명력을 향한 정신적인 투지라고 고백할 수 있다.

운명처럼 다가온 책 『모비-딕』을 석사·박사학위논문을 위해 십오년에 걸쳐서 탐독하면서 나는 유방암으로 두렵고 부끄러웠던 몸에 대한 화두를 던지게 되었다. 그리고 신성, 페미니즘, 에로티시즘이란 주제에 천착해 연구에 몰입했다. 그러면서 나는 대단한 정신적 치유를 경험했다. 오랫동안 상상력으로, 그리고 실제로도 고래 구경 크루즈에 탑승해서, 심해를 유영하는, 인간과 같은 포유류인 검은 거구의 고래를 쫓았다. 무엇보다 비슷한 처지에 놓여 동지

애를 느꼈던 에이햅 선장과 함께 사투를 벌이며 신비한 힘을 가진 흰 고래를 추격하는 과정에서, 내 몸을 둘러싼 다양한 문제와 의문들이 문학적인 치유를 통해 풀려나갔다. 인공보형물을 삽입하는 가슴복원 수술을 선택하지 않았다는 연유로 내가 짊어져야 했던 한쪽 유방에 대한 바디 콤플렉스에 있어서는, 고대 그리스 신화에 나오는 더 잘 싸우기 위해 한쪽 가슴을 자른 여전사 부족인 아마존Amazon1과 정신적 연대감을 느끼면서 항암 투지를 불태울 수 있었다.

타자화된 여성·여신의 몸을 상징하는 검은 고래와 흰 고래

신흥국가 미국의 포경선 피쿼드Pequod호에 탑승한 남성 포경선원들이 손에 작살을 쥐고 추격하는, 지구상에서 가장 큰 '몸'을 가진 바닷속 '검은 고래'는 제국주의 문명과 산업 발전에 이용할 기름을 얻기 위한 희생제물이 되었다. 포경선 피쿼드호는 유럽 백인들과의 전쟁에서 절멸하게 된 메사추세츠 지역의 아메리카 대륙 선주민 부족의 이름을 딴 것이다. 건국 초기의 미국인들은 자신들의 영토 팽창과 제국주의 논리를 정당화하며 개신교 윤리, 민주주의, 자유주의 체제를 전파하기 위해 하늘이 내린 전 북미대륙으로 뻗어나가는 것이 미국의 '명백한 운명'이라고 했다. 제국주의 이데올로기를 표방하는 포경업의 대상이 되어 작살의 폭력으로 쫓기고, 죽임을 당하고, 제물로 바쳐지는 바다의 원주민 '검은 고래의 몸'은 유색인·미개인·노예·동물 같은, 몸적인 존재로 타자화시켜

인종차별의 희생제물이 된 아메리카 선주민 인디언과 아프리카 노예 흑인, 중남미 인디오의 정치적 착취의 역사를 환유적으로 재현한 것이다.

그런데 1851년에 출간된 이 해양소설에는 주요한 여성 인물이 부재하며, 고래에 대한 상당 분량의 생태적 정보와 남성 포경선원들의 거친 포경현장을 주로 다루어 '남성의 책'으로 간주되었고 여성 독자들에게 외면을 받았다. 당시 미국에서는 여성 독자층이 급부상해서 출판시장에서 인기를 끈 대부분의 책들이 가부장제에서 역경을 이기고 자립한 여성들의 성공담이거나, 중산층 여성 독자의 주체성 확립과 신분 상승 욕구를 만족시켜줄 롤모델이 될 만한 여주인공의 이야기를 다룬 작품들이었다. 나 자신도 여성 독자로서 육백페이지가 넘는 이 대하 장편소설에서 직접적으로 감정이입을 할 만한 여자 인물이 부재한 것이 몹시 아쉬웠다. 동시대의 인기 작가인 너새니얼 호손^{Nathaniel Hawthorne}은 여주인공 헤스터와 목사의 간통 문제를 정면으로 다룬 『주홍글자』를 출간해서 페미니즘 비평의 텍스트로 꾸준히 연구되어왔는데, 멜빌이 호손과 문학적으로 진지하게 교류하며 일년에 걸쳐 다시 고쳐 쓴 『모비-딕』에서는 왜 여성 인물을 배제했는지도 오랫동안 의문스러웠다.

그러한 의문을 풀지 못한 나에게 어느 날, 남성 포경선원들이 멀리서 고래를 발견했을 때 큰소리로 외치는 함성들이 확성기를 통해 들리듯 메아리쳤다.

"저기 고래가 물을 내뿜는다!"(There **she** blows!)

"저기 고래가 구른다!"(There **she** rolls!)

"저기 고래가 물 밖으로 뛰어오른다!"(There **she** breaches!)

고래잡이들은 관습적으로 고래를 여성형인 그녀^{she}로 불렀던 것이다. 만일 내가 영어 원서를 읽지 않고 한국어 번역서만을 읽었다면 절대로 고래잡이들이 외치는 그녀라는 함성을 들을 수 없었으리라. 드디어 베일에 가려진 신부의 얼굴을 보듯, 바닷속 포유류인 '검은 몸의 고래'는 가부장제 문명에서 주변부로 밀려나 성차별을 받아온 타자 중에서도 '가장 대표적인 타자 (M)Other'로서, 보이지 않는 여성^{invisible women}의 실존적 현실을 고발하는 성정치학의 메타포임을 오랜 연구 끝에 명확하게 인식할 수 있었다.

남성 포경자들이 작살을 겨누고 추격하는 바다의 검은 고래는 가부장제의 이분법적 체계가 중심에 둔 문명-정신-남성-인간-영혼-로고스의 상대적 위계로 배제하고 억압하며 차별해온 다양한 타자들로서 자연-물질-여성-동물-몸-에로스에 대한 탁월한 메타포가 되고 있다. 『모비-딕』 89장 「잡힌 고래와 놓친 고래」 편에서는 고래를 버려진 '아내'에 비유하면서, 고래의 몸에 마지막 작살을 꽂은 남성이 '남편'으로서 법적인 소유권을 획득한다는 포경 관습을 언급한다. 이는 여성이 자연·몸·동물·소유물·상품으로 대상화되고 있는 젠더의 불평등과 성적 폭력성을 적나라하게 고발하는 것이다. 포경업을 소재로 한 이 묵시록적 소설은 자본주의의 개발 논리에 의해 훼손되어온 자연과 성차별을 받아온 여성의 몸이 가부장문명의 역사에서 핍박과 착취를 동시에 당하고 있음을 고발하는 생태여성주의 비평으로 읽기에 타당한 텍스트이다.

무엇보다 이 소설의 흥미로운 반전은 희생제물의 위치에 처한 검은 고래와는 반대로 가부장제의 남성 포경자들의 추격을 유혹하면서도 동시에 결국 포경자들을 죽음으로 몰고 가는 흰 고래 모비-딕의 위협적인 존재감이다. 이 흰 고래는 그 다양한 상징성으로 인해 수많은 멜빌 연구자들을 비롯해 다양한 독자들이 다르게 해석할 수 있는 열린 기표이자 기의가 되어왔다. 흰 고래의 상징성에 대해서는 절대적인 힘을 가진 자연 혹은 우주의 상징 또는 신적 존재나 정치적 이데올로기의 투사체로서 해석하는 것이 주류였다. 그런데 생태여성주의 관점에서 남성 포경자와 고래의 관계를 성정치학의 젠더 차별로 읽어온 나에게는 이 흰 고래 상징이 가부장제의 형이상학적 종교와 철학이 세력을 펼치기 이전에 존재했던 고대의 위대한 어머니 여신 종교의 역사를 추적하게 하는 안내자였다. 소설의 마지막 장에서 남성 포경자들은 세번째의 추격전에서 악의 화신이자 괴물로 투사한 타자로서의 여성·여신적 존재인 흰 고래와 사투를 벌이다가, 가모장의 시대였던 "오천년 전의" 바닷속으로 모두 수장되면서 최후를 맞이했다. 유일하게 생존해 이 이야기를 전하는 화자는 기독교의 적자가 아닌 서자이며 엄마와 함께 사막으로 추방된 아웃사이더 이쉬미얼이다.

멜빌은 학계에서 오랫동안 여성혐오 작가로 오해를 받아왔다. 그러나 멜빌의 소설에 깊숙이 천착해온 연구자로서 나는 작가 멜빌이 성차별을 받아온 여성의 역사와 실존적 현실에 대해 진지하게 고민하고 그 궤적을 추적했음을 확인했다. 멜빌은 『모비-딕』 출간에 앞서 작가로서 진지한 책무를 느끼고 집필한 세번째 작품인 『마디』에서 서구 문명의 가부장제 역사에서 미스테리하게 실종된 '여성·여신'적 존재인 이일라Yillah2를 왕, 철학가, 시인, 역사가, 정치가, 영웅 등 남성 대표자 집단이 찾아나서는 형이상학적인 항해를 알레고리 형식으로 다루었다. 작중에서 멜빌은 역사가 모히의 입을 통해 위대한 신들의 갤러리인 로마의 만신전 판테온에서 여러 신들의 행렬 중 맨 앞에 놓여 있던 대지모大地母인 뮤조가 제거되었다는 사실을 언급하면서 고대에 숭배되었던 여신 신앙의 몰락을 지적한다.

알 수 없는 이유로 실종된 여신 같은 존재 이일라를 찾아 헤매는 줄거리를 가진 『마디』에서 멜빌이 고대 그리스에서 기독교보다 앞서 이천년 넘게 숭배되었던 엘레우시스 밀교에 대해 짤막하게 언급한 것은 의미심장하다. 『모비-딕』 다음에 출간된 『피에르』에서도 이 엘레우시스 밀교가 또다시 짧게 언급되어 멜빌의 깊은 관심을 확인할 수 있다. 여성 영성 철학자이자 에코페미니스트인 마라 켈러Mara Keller는 지하세계의 남신 하데스가 대지의 여신 데메테르의 딸 페르세포네를 납치하고 강간한 신화에 주목하면서 이 납치사건이 일어난 시기쯤에 현대까지 이어온 가부장 통치의 시대가 열리기 시작했음을 지적했다.3 엘레우시스 밀교는 어머니와 딸의 원형적 관계인 데메테르와 페르세포네의 이별과 재회를 기리는 의례를 통해 생명의 탄생과 성장으로부터 죽음과 그 너머에 이르는 인간 경험의 주기는 물론 풍요-불모-재생으로 이어지는 자연의 계절적 순환을 설명한다.

고대사회의 위대한 어머니 여신 종교는 가부장제 문명이 정복욕의 패러다임으로 억압하고 부정했던 자연과 여성의 몸과 섹슈얼리티를 생명을 탄생시키는 권위이자 강력한 힘으로서 신성히 여겼다. 생명의 생산과 돌봄과 양육은 최대의 신비로서, 생명 출산을 가능하게 하는 여성의 자궁과 피(월경과 출산)와 섹스는 성스러운 것으로서 존중받았다. 그러나 가부장제의 역사 속에서 종교와 형이상학과 철학은 여성의 몸과 섹슈얼리티를 부정하고 억압했으며 이는 오랜 세월 타자화된 여성이 주체가 되는 길에서 가장 큰 장애물이 되었다. 주체가 아닌 객체로서 인식되어온 사회에서 여성이 주체가 되려면 우선 자신이 스스로 몸의 주인이 되어, 몸의 감각을 신뢰하고, 성적 주체가 되는 것이 선결 요건이다. 여성의 몸은 자아 정체성이 형성되는 근원이다. 억압되어온 성에 대한 재인식과 신성함에 대한 회복은 타자화된 몸을 재발견하고 몸이 진정한 주체로서 거듭날 수 있는 계기로서 중요하게 작용할 수 있다.

내 몸으로 회귀해 치유예술로서 춤을 추다

중병을 앓는 사람은 대체로 자신의 몸을 불신하고 부끄럽게 생각하며 몸에 대한 배신감을 품고 있다. 그런 부정적인 감정을 회피하기 위해 외부의 도움에 의존하려는 경향도 있다. 나 역시 유방암 진단으로 내 몸이 두렵고 믿을 수 없었으며, 부끄럽게 여겼다. 그러나 다행히도 무의식의 안내로 지구상에서 제일 큰 몸을 가진 고래를 좇으며 몸에 집중하게 되면서부터는 몸이 가진 지혜와 신비와 경이로움에 감탄할 수 있었다. 프랑스의 대표적인 몸 철학가 모리스 메를로퐁티Maurice Merleau-Ponty는 심신이원론의 전통 철학을 반대하고 이원화되기 이전의 몸에 주목했다. 그는 『지각의 현상학』에서 지각의 주체로서의 몸을 등장시키며, 인간이 몸을 가지고 세계와 관계한다는 것을 실존적으로 해석했다. 이 세상과 친숙하게 소통하고 거주하는 실존적인 주체로서 몸의 지향성을 기술하는 그의 현상학은 의학적인 질병 치료의 대상으로서 객관화된 몸에 관심을 두기보다, 질병을 체험하는 육화된 주체로서의 몸에 대해 관심을 돌리게 해주었다. 그래서 최근에는 암 같이 생명을 위협하는 심각한 신체적 질병의 치료뿐만 아니라 심리적인 트라우마의 전인적 치유를 위해서 몸과 마음의 통합을 추구하는 신체심리치료 분야가 급부상하고 있다.

내가 암 생존자로서 삼십년 세월을 살아낼 수 있었던 비밀은 어쩌면 수술 후 삼주간의 입원을 마치고 집으로 돌아온 첫날 밤에 꾼 기이한 꿈에 있었을지도 모른다. 꿈에서 어떤 할머니가 등받이가 없는 의자에 앉아 있는 나에게 다가와 "젊은 사람에게 웬 어두움이 이렇게 드리워져 있나?"라고 하면서 먼지떨이 같은 것으로 내 온몸을 구석구석 섬세하게 정성껏 털어내주었다. 그 먼지떨이가 내 몸을 스치며 무언가 나쁜 것이 떨어져나가는 느낌이 너무 좋아서 잠에서 깨어나서까지 그 감각이 생생했다. 당시 그 어느 것에도 의지할 수 없었던 나는 이 꿈이 준 뭔지 모를 희망 하나를 단단히 붙잡아서 가슴속 깊이 간직했다.

수술을 한 지 십칠년이 지난 시점에, 미국의 동작 중심 표현예술 치료 교육기관으로 유명한 타말파 연구소에서 아흔의 나이에도 여전히 치유예술로서의 춤을 가르치는 전설적인 포스트모던 무용수인 안나 할프린Anna Halprin 선생님을 만났다. 그때 오래전 꿈에 나타나 내 몸을 자상하게 털어주었던 신비한 할머니가 퍼뜩 떠올랐다. 안나도 1971년 오십대 후반에 대장암 진단을 받고 수술과 항암치료를 했지만 삼년 뒤 다시 재발했다. 안나는 대장 주위에 느껴지는 무겁고 어두운 느낌을 그림으로 그리면서 자신의 몸의 감각으로 직접 암을 감지했고, 다시 병원에서 항암치료를 적극적으로 받았다. 의사는 수술과 치료가 잘되었다고 했지만 재발한 암이 준 불안과 공포감, 분노의 감정들은 의술이 결코 해결해줄 수 없었다. 안나는 자신의 감정을 그림으로 그려서 시각화하고, 춤으로 승화하면서, 치료cure를 넘어 온전한 치유healing 단계에 돌입했다.

내부 동작, 즉 감각·느낌·이미지는 외부의 신체적 동작과 연관성이 있으며, 춤을 통해 외부로 표출된 동작은 정서적인 상태를 반영하고 나아가 심리적 통찰과 행동의 변화를 부를 수 있다. 몸을 움직여 춤을 추면 내면의 이미지를 전적으로 구체화시킬 수 있다. 그리고 춤으로 구체화된 그 이미지에 감정적인 대응으로 생명력을 불어넣으면, 육체적 경계를 벗어난 의식의 변형을 가져오면서 심신의 총체적인 치유를 도울 수 있다. 내 몸이 내면에 가지고 있는 치유자와 예술가를 춤으로써 해방시키는 것은, 몸과 마음을 통합하는 전일全一적이고 창조적인 행위이다. 그리고 마침내는 자기 치유를 이루어낼 수 있게 된다.

우리의 몸은 자연에서 비롯되었고 자연의 일부이며 자연으로 돌아간다. 가부장제 문명에 기반한 이분법적인 의학과 철학과 종교와 문화의 논리는 고대의 가모장제와 위대한 어머니 여신의 세계관인 인간과 자연의 상호연결성 및 순환 원리와, 여기에 기반한 심신통합적 총체성의 지혜를 밀어내고 대체해갔다. 그런 과정에서 자연은 인간중심의 문명발전을 위한 정복의 대상으로 폄하되어 심각하게 훼손되었다. 결국 인간과 지구 전체의 생존을 위협하는 환경오염과 심각한 기후위기를 초래하게 되었다. 그 결과의 하나로 각종 암 발병률이 증가했고, 특히 여성 유방암의 발병률은 계속 높아지고 있다.

과거에는 여성이 출산할 경우 몸의 지혜에 기반해 자연친화적인 방식으로 출산을 돕는 여성 산파의 도움을 받았다. 그러나 현대의 출산은 서구식 의료체계를 따르는 병원에서 전문직 남성 의사를 중심으로 하는 의료진들에 의해 기계적인 방식으로 시행되고 있다. 유방암 항암 치료에 있어서도 몸에 내재된 치유력이나 자연이 주는 회복력에 대해서는 도외시한 채, 암환자들에게 통례적인 외과수술과 화학치료를 실시하며, 심지어 치료의 목적에서라기보다 심미적인 고려에서 위험부담이 큰 유방복원술까지도 적극 권장하고 있다. 우리의 몸은 사실 각자 모두 고유하다. 그런 고유성은 깊이 고려하지 않고, 또 몸이 지니고 있는 자연적인 치유력은 거의 언급하지 않는 병원 치료의 평균적이고, 일반적이고, 심지어 일방적인 치료와 투약 방식은 때로 암을 치료해주기보다는 오히려 면역력 저하를 가져와 역효과를 초래하기도 한다.

"흑인, 레즈비언, 페미니스트, 엄마, 연인, 시인"[4]으로 자신을 규정한 미국의 오드리 로드Audre Lorde는 1978년에 유방암을 앓고 유방절제술을 받은 경험을 페미니스트의 시각에서 심도 있게 담아낸『유방암 일기』를 저술했다. 로드는 유방암과 사투를 벌이며 겪은 치료의 과정뿐만 아니라 두려움과 고통 등을 진솔하게 표현하면서, 유방절제라는 상황을 감당해내는 여성으로서 겪었던 침묵과 비가시성에 저항했다. "당신의 침묵이 당신을 지켜주지 않는다."Your silence will not protect you[5]라고 주장하며, 자신의 질병, 특히 많은 여성들이 감추고 싶어하는 유방암에 대해 솔직하게 쓴 로드의 투병기는 여성들이 가장 많이 앓는 암인 유방암에 대한 대중의 인식을 바꿔놓는 데 큰 공헌을 했다. 책에서는 "어떤 친절한 여성이" 로드에게 "부드러운 슬립 브라와 양털 뭉치가 압축된 연분홍색 브라 패드"를 주려 했다는 일화를 소개한다. "친절한" 제안에는 사라진 유방은 어떻게든 채워져야 하며, 한쪽만 남은 오드리의 유방은 여성의 이상적인 신체 모양에서 벗어나 있기 때문에 외부에 드러나서는 안된다[6]는 은밀한 메시지를 담고 있었다.

유방절제술 후 보통 인공보형물을 삽입하는 유방복원수술을 권유받는데, 로드는 복원수술을 받지 않기로 스스로 결정했다. 한쪽만 남은 가슴을 그대로 받아들이면서 자기부정을 거부하고, 아픈 여성들이 쉽게 사로잡히는 피해자화victimization를 뛰어넘어 저항했다. 그리고 암 생존자들에게 요구되는 여성다움에 의문을 제기했다.

인공보형물은 '무엇이 달라졌는지 아무도 눈치채지 못할 거야'라는 공허한 위안을 가져다준다. 그러나 달라졌다는 바로 그 사실이 내가 강조하고 싶은 부분이다. 왜냐하면 나는 그 차이를 내 삶을 통해 살아냈고, 이겨냈으며, 이제 그 힘을 다른 여성과 나누고 싶기 때문이다. 유방암을 둘러싼 침묵을 이 고통에 대항하는 언어와 행동으로 바꾸려고 할 때, 가장 먼저 필요한 일은 유방절제술을 받은 여성들이 서로의 존재를 드러내는 일이다. 침묵과 비가시성은 무력감을 동반한다. 인공보형물이라는 가면을 받아들임으로써 우리는 스스로를 가식에 의존하는 불완전한 존재로 선언하는 셈이다. 이것은 우리가 서로로부터 더욱 고립시키고 인식할 수 없게 만들 뿐만 아니라, 사회가 만들어낸 광기의 결과를 직면하지 않으려는 그 잘못된 안일함까지도 강화시키기 때문이다.[7]

로드가 유방암에 이은 간암 발병으로 58세에 죽기 전 마지막으로 받은 아프리카식 이름은 감바 아디사Gamba Adisa, 즉 자신의 의미를 분명히 보여준 여자 전사였다. 오랜 세월 한쪽만 남은 가슴에 대한 콤플렉스에 시달렸던 나는 유방암을 둘러싼 침묵을 깨고 투병의 모든 과정을 글로 쓰며 페미니스트로서 저항했던 진정한 아마존 전사 로드에게 깊은 자매애를 느끼고 커다란 힘을 얻는다. 유방암 생존자로서 살아온 삼십년 동안 항암치료, 바다를 유영하는 거대한 몸의 검은 고래와 형이상학적인 흰 고래를 좇으며 체험했던 문학 치유, 양질의 산소가 풍부한 바닷가를 걷는 자연치유 어싱earthing, 치유예술로서의 춤 등 여러 가지 치유 여정들이 있었다.

나는 상처 입은 치유자로서 긴 세월 몸을 긍정하고 몸에 내재한 자연치유력을 신뢰하기 위해 노력하며, 몸이 들려주는 지혜의 소리에 귀를 기울여왔다. 오랜 침묵과 망설임을 벗어던진 나는 삶의 경험이 담긴 몸을 움직이며 치유예술로서의 춤을 추는 「암에서 춤으로」 삶-예술 과정 프로젝트를 시작했고, 암환우의 치유와 성장을 돕는 길 위에 기쁜 마음으로 서 있다.

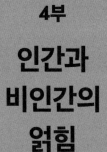

4부
인간과
비인간의
얽힘

ECO
Feminism

비인간 존재에 응답하는 돌봄

장 우 주

비인간 존재를 위한 가치

　도시의 골목길에서 먹이를 찾아 헤매는 유기된 고양이를 보면 그냥 지나치지 못하는 사람들이 늘어가고 있다. 플라스틱 쓰레기를 먹고 죽어가는 새나 바다생물들을 보면서, 개발로 혹은 산불로 사라져가는 나무와 숲을 보면서, 급격한 기후변화로 멸종해가는 수많은 동식물을 보면서 어떤 실천이라도 해야겠다고 움직이는 사람들이 늘어가고 있다. 일부는 더 나아가 비인간 존재들의 멸종을 막기 위한 사회체제 전환을 모색하기도 한다. 이 과정에 서면 인간중심주의 가치관에서 벗어나 생태적인 가치, 그리고 인간과 비인간 존재 사이의 관계를 다시 성찰하게 된다. 이때 재고하게 되는 가치 중의 하나가 바로 돌봄이다.

　왜 돌봄의 가치일까? 인간과 비인간 사이의 동반관계 혹은 정의,

공리의 가치로도 충분하지 않을까? 우리가 사회적 대안을 얘기할 때 돌봄이 등장하는 것은 어떤 의미일까? 특히 비인간 존재와의 관계에서 돌봄을 강조하는 것은 왜일까? 어떤 조건들을 전제하는 것일까? 역사적으로 돌봄노동을 해온 여성들이 비인간 존재를 돌보는 일까지도 해야 한다는 의미일까? 인간과 비인간 존재가 공존할 수 있는, 생태적으로 더 나은 방향으로의 전환은 어떻게 가능할까?

에코페미니즘과 돌봄의 윤리학

돌봄의 개념을 상정할 때 떠오르는 이미지가 몇가지 있다. 엄마가 아이를 돌보거나, 간호사가 환자를 돌보거나, 사회복지사가 지원이 필요한 약자들을 돌보는 장면 등이다. 이러한 인간사회에서의 돌봄은 지속적인 책임감과 개입으로 정의되며,[1] 돌봄의 주체, 돌봄의 대상 그리고 돌봄의 상황이나 맥락 등의 요소로 구성된다. 따라서 돌봄은 필연적으로 관계적이다.[2] 심리학자이자 페미니스트 윤리학자인 캐럴 길리건Carol Gilligan은 도덕발달에 있어서 '정의의 관점'과는 다른 '돌봄의 관점'을 제시했다. 정의의 관점은 부정의와 억압의 문제에 대해 호혜와 평등한 존중을 주장한다면, 돌봄의 관점은 관심과 필요에 대한 응답을 강조한다.[3] 따라서 길리건은 여성들이 도덕발달과 관련하여 추상적이고 규제화된 권리와 책임감보다는 맥락, 돌봄과 관계성에 보다 많은 관심을 보인다고 주장한다. 이러한 주장은 보살피고 돌보는 여성의 성역할을 강화하는 측면과 연결되면서 여성주의 내에서도 논란에 봉착하게 된다.

길리건의 돌봄의 윤리가 에코페미니즘 논의에서 윤리의 근거로 차용되면서, 생태계 내에서는 모든 것이 연결되어 있으며 관계적이라는 관점의 공통점이 강조되었다. 그 관계성은 구체적이며 물질적이고 맥락적이며 부분적이기도 했다. 한마디로 맞춤형이기 때문에, 어떤 기준이나 판단에 따라서 획일적인 돌봄이 일어나지 않으며, 일방적인 돌봄의 관계가 아니기도 했다. 그래서 발 플럼우드는 돌봄의 윤리학이 인간과 자연의 상호의존성을 위해 지구를 위한 돌봄의 형태로 기여할 수 있다고 주장한다.[4]

구체적인 타자의 요구나 필요를 상황을 헤아려 돌본다는 것은 이렇듯 상대적이고 관계적이어서, 특정 정의나 기준에 의해 시행되는 윤리적 판단과는 다르다. 이러한 돌봄의 윤리학은 페미니즘적 관점에서 몇가지 문제를 안고 있다. 심리학자이자 페미니스트 윤리학자인 셰릴린 맥그리거Sherrilyn MacGregor는 돌봄의 윤리학이 에코페미니즘의 이론과 실천에 있어서 여성성을 강조하고 개인화시킬 수 있음을 지적한다.[5] 길리건의 돌봄관을 이어받은 페미니스트 철학자 넬 노딩스Nel Noddings는 돌봄의 윤리학이 가장 가까운 관계, 즉 자녀나 가족으로부터 시작해서 타자로 확장될 수 있다고 주장하며 돌봄의 특징을 근거로 제시했다. 돌봄이 필요한 타자가 처한 맥락을 고려하고, 구체적인 감성적 요구나 필요를 파악하기 위해서는 유심히 관찰하고 집중해야 하기 때문이다.[6] 여기에서 문제가 발생한다. 나의 아이만 혹은 나의 반려견만 돌본다면, 지구 반대편에서 벌목되는 아마존의 숲이나 북극의 곰에게는 어떻게 마음을 쓰고 돌볼 수 있을까? 구체적이고 개별적인 타자만 돌본다면, 아마존 숲 자체는 돌볼 수 없는 것일까?

돌봄이 개인적인 접촉과 상호성을 전제로 한다면, 돌봄을 어떻게 확장할 수 있을까 하는 문제도 있다. 여성이 억압받는 사회에서는 여성들이 전세계적인 환경문제보다는 가족의 일에 우선적으로 헌신하게 될 수 있다.[7] 환경문제에 관심을 가진 한국의 주부가 아마존의 밀림파괴나 기후위기에 대해 관심을 가지기보다는, 자기 아이의 천식과 대기오염 간의 관계에 관심을 가지고 제로웨이스트 운동, 대중교통 이용하기 등 개인이나 가정 차원에서 할 수 있는 활동에 집중할 수 있다는 것이다. 나아가 공사 영역에서 성역할이 이분화된 상황에서도 여성들의 지역단위 문제가 세계적 차원의 환경문제와 연결되지 못한 채, 개인적인 활동이나, 가정 내의 여성들의 활동으로 그치게 될 수 있다.

윤리학자 딘 커틴Deane Curtin은 만약 돌봄의 윤리학이 정치화되지 않는다면, 그것은 여성들의 개인화된 도덕적 관심에만 집중하는 데 이용될 것이라고 지적했다.[8] 그래서 커틴은 '돌보기'caring for와 '관심 갖기'caring about의 구분을 대안으로 제시했다. '돌보기'의 수혜자는 어떤 특정한 맥락하에서 개별화된 개별자를 의미한다. 커틴은 '관심 갖기'에서의 수혜자가 글로벌한 맥락에서 보다 일반화된 타자를 의미한다면, 돌봄의 윤리학이 에코페미니즘 안에서도 의미있는 윤리적 관점이 될 수 있을 것이라고 주장했다.[9] 한 에코페미니스트가 제주 비자림의 숲이 사라지는 것에 대해 정치적인 관심을 가질 수 있으며(관심 갖기), 동시에 비자림 숲의 어느 위치에 있는 바로 그 삼나무 한그루를 껴안고 더 돌보고 지켜내려고 할 수 있다(돌보기). 그래서 커틴은 돌봄의 맥락적이고 개체적인 특성을 잃지 않으면서도 페미니스트 정치학으로 나아갈 수 있는 근거를 확보할 수 있다고 제안한다. 이러한 개념화 과정은 사적 영역과 공적 영역의 이분화를 넘어서서, 맥락 안에서 개별적으로 필요한 돌봄을 하면서도, 공적으로는 정치화할 수 있는 근거를 마련하는 데에 의미가 있다.

호주의 사회주의 에코페미니스트 아리엘 살레는 여성의 돌봄의 경험과 노동은 인간과 자연 사이의 관계를 형성하는 전향적인 삶의 행동을 구성할 수 있다고 주장한다.[10] 맥그리거는 반대로 "돌봄노동은 젠더 편향적인 문화이며… 남녀 사이에 임금이 지불되지 않은 돌봄노동의 불평등한 이분화는 지난 삼십년간 드라마틱하게 변화된 적이 없다"고 주장한다.[11] 환경운동에서의 여성의 노동은 돌봄노동에서와 같이 가치 절하된 젠더 활동이 될 수 있고, 사적 영역이나 공적 영역에서 돌봄이라는 미명하에 빛도 나지 않고 보이지도 않는 노동을 짊어지게 될 수 있다는 것이다. 따라서 적어도 성별분업이 강제되지 않는 체제하에서 돌봄의 가치가 주장되어야 한다. 즉 사적 영역이나 공적 영역에서의 성역할이 다르지 않다는 것을 전제해야 하며, 돌봄노동이나 활동이 얼마나 대안적인 가치인지를 모두 인지하고 참여할 수 있어야 한다.

돌봄을 대안적 가치로 삼는다는 것은 어떤 함의가 있는지 좀더 구체적으로 살펴보자. 우선 인간과 비인간 존재의 상호연결성을 전제로 한다. 이 세상의 모든 존재는 상호연결되어 있으며 나아가 상호의존적이기까지 하다. 적어도 지구생태계에서 인간은 생태계 최상위 포식자로 군림하는 별개의 존재가 아니며, 생태계 내에서 한 위치를 차지하며, 포식자이면서도 피식자인 것이다.[12] 그러므로 이 물질적 관계를 통해 서로 얽혀 관계를 맺으며 새로운 존재가 되기도 한다. 이 관계성은 돌보아주기만 하는 주체와 돌봄을 받기만 하는 대상으로 나뉘어 있지 않음을 뜻한다. 인간은 생태계에서 제공되는 산소로 숨을 쉬면서 존재하는 포유류이기도 하다. 예를 들어 한 여성 독거노인과 반려묘의 관계에서도, 할머니가 반려묘를 일방적으로 먹이고 키우는 등 돌보기만 하는 것은 아니다. 고양이와의 관계에 할머니도 정서적으로 의지를 하면서, 서로 의존하고 상호 돌보는 관계가 형성된다.

생태적 공감과 생태적 응답

비인간 존재와 연결된 관계를 느끼고, 인정하고, 인간의 우위의 관점이 아닌 상호관계성의 관점에서 바라볼 때 중요하게 작동하는 기제 중의 하나는 생태적 감수성이다. 이 감수성은 기쁨, 고통, 슬픔 등 다양한 형태로 드러날 수 있다. 특히 인간과 비인간 존재의 관계로부터 느끼는 아름다움과 기쁨의 경험이 중요하다. 다큐멘터리 영화감독 황윤은 새만금의 수라갯벌을 다룬 2022년 다큐멘터리 「수라」에서 한국에 잠시 머무는 철새인 도요새들의 아름다운 군무를 보고, '아름다움을 본 것도 죄일까?'라고 스스로에게 묻는다. 수

만마리 도요새떼를 만난 아름다운 경험은 그들이 먼길을 날아와 잠시 쉬어야 하는 수라갯벌을 꼭 지키고 싶은 책임감으로 이어진다. 멸종위기의 새들이 머물 갯벌이 개발로 사라지는 것을 막고 싶기 때문이다.

사진작가 크리스 조던Chris Jordan 역시 미국령인 태평양의 미드웨이라는 무인도에서 만난 알바트로스 새들의 모습에서 아름다움을 느끼는 동시에, 바다를 통해 밀려오는 플라스틱 조각을 어미 알바트로스 새들이 새끼들에게 먹이로 건네주는 광경과 결국 그 조각들을 게워내지 못하고 죽음에 이르는 모습을 보면서 한 인간으로서 고통과 무력감을 느꼈다. 조던은 애도를 통해 슬픔과 직면하면서도 무력감에 굴복하지 않고 나아갈 수 있다고 생각한다.[13] 이 문제는 사진작가 개인이 해결할 수 없는 문제라는 것, 즉 사회적이고 제도적인 차원에서의 변화를 통해서만 해결의 실마리를 찾을 수 있는 문제라는 것을 깨달았기 때문이다. 인간이 비인간 존재가 지닌 아름다움을 느낄 수 있는 감수성과 더불어, 그 존재들이 처한 위기의 상황에 직면하고 애도하는 그 떨리는 순간이 세상을 전환시키는 결단의 시작점이 되기도 한다.

인간 존재는 말이나 글, 표정으로 좋고 싫음 등 감정을 표현하기 때문에 그에 맞는 돌봄을 제공할 수 있다. 동물, 식물 등 다양한 비인간 존재가 표현하는 감정과 요구는 어떻게 느끼고, 공감하고, 그들이 필요로 하는 돌봄을 제공할 수 있을까? 비인간 존재의 고통에 공감하는 능력은 어떻게 가능할까? 가장 쉬운 방법 중 하나는 돌봄에 참여하는 인간 존재 자신 역시 돌봄을 필요로 했던 상황, 자신이 물리적·정신적 폭력이나 학대, 소수자로 배제되었던 상황을 떠올려보는 것이다. 즉, 유비의 과정을 통해서 비인간 존재의 고통에 공감하고 돌봄을 필요로 하는 상황을 유추할 수 있다. 대부분의 사람들은 구체적이고 다양한 상황에서 약자가 되거나, 배제되는 경험을 한다. 돈이 없어서, 몸이 약해서, 장애가 있어서, 여성 노인이어서 등의 이유로 차별을 당하거나, 배제를 당한 인간의 경험은 비인간 존재의 고통과 연결고리가 될 수 있다. 특히 여성들은 구체적인 상황에서 약자로 배제되었던 경험이 상대적으로 많아, 비인간 존재의 고통을 더 민감하게 느낄 가능성이 높다.

그렇지만 비인간 존재의 고통, 기쁨 혹은 본능이나 감각이 인간 존재의 감정이나 감각과 완전히 동일하다고 확신하거나 의인화해서는 안된다. 비인간 존재의 감정이나 필요를 인간의 감정으로 이입해서 동일화 혹은 동질화하는 방식은 또다른 문제를 야기할 수 있기 때문이다. 이는 마치 엄마가 자식을 돌보면서 모든 것을 절대적으로 혼자 판단하고, 혼자 옳다고 생각해서, 돌본다는 미명하에 자식의 의사나 욕구를 억압하는 과정과 유사할 수 있다. 비인간 존재를 인간 존재의 방식과 동일화해서 대해서도 안된다. 비인간 존재가 가진 고유한 감각, 감성과 본성이 존재하기 때문이다.

비인간 존재와 인간이 서로를 알아채고, 진화해가며 공존해갈 수 있을까? 해러웨이는 그러한 공존이 촉수 덕분에 가능하다고 주장한다.[14] 이 촉수란 인간, 거미, 너구리, 해파리, 섬유 회로, 덩굴식물이나, 미생물, 이끼류의 얽힘과 같은 것이며, 어떤 구체적인 형체를 가지고 있고 무수한 선들을 따라 살아가는 생명의 선들이면서,

그 연결성을 만들어낼 수 있는 것을 의미한다. 그 연결된 존재가 되어간다는 것은 그 감성적인 상태, 그 상황에 대한 정보와 사실, 그리고 그에 관련해 배려해야 할 어떤 판단과 행위의 방향까지도 순간적으로 알아채게 된다는 것이다.

돌봄이라는 행위는 비인간 존재가 어떤 존재이고, 어떤 상황이며, 무엇을 필요로 하는지에 따라 다르고 복잡하다. 인간의 방식으로, 인간중심적으로 잘 돌보는 행위와는 다르기 때문이다. 예를 들어 대안농법으로 농촌과 도시텃밭에서 농사를 짓는 여성들이 있다. 이들이 골치를 썩는 문제 중의 하나가 농작물을 먹어치우러 산에서 내려오는 배고픈 멧돼지와 고라니 등 비인간 존재들의 출몰이다. 어느 도시텃밭 공동체의 일원들은 개발로 인해 주변 지역의 먹을 것이 없어진 것이 이 동물들이 출몰하게 된 원인인 것을 알게 되었고, 새끼 멧돼지가 텃밭에 굶어서 죽어 있는 모습을 목격하고 충격을 받았다. 그후로는 그 텃밭의 농작물을 멧돼지 가족들에게 내어주기로 결정했다. 그러나 농사를 지어서 자신과 가족들의 자급과 생계를 해결해야 하는 농부라면? 또 어린아이들의 안전을 고려해야 하는 마을이라면? 생태계 안에서 비인간 존재를 존중하면서도 서로 공존할 수 있는 대안이 되는 방법을 구체적으로 찾아가야만 할 것이다. 그러므로 비인간 존재에 대한 돌봄은 구체적이고, 복잡하고, 맥락적인, 그리고 상황적으로는 치열한 행위를 수반하기도 한다.

콜렉티브 돌봄과 생태민주주의로의 전환

비인간 존재 즉 다양한 동물종, 식물종 등으로 돌봄을 확대한다는 것은 무엇을 의미할까? 인간 존재와 비인간 존재가 상호 연결되고, 공존하면서 이 지구공동체에서 살아가기 위해서는 기존 체제로부터의 전환이 필요하다. 가부장제의 문화, 이윤 극대화를 추구하는 경제시스템, 인간중심주의로부터 벗어나, 비인간 존재를 포함하는 돌봄의 가치, 생태민주주의로의 전환이 요구된다.

그래서 지구상의 인간 존재라면 누구나 보편적 돌봄제공자가 되어 돌봄이 필요한 인간·비인간 존재를 돌보고, 공동체를 유지하고, 지구를 돌보는 것에 공동의 책임감을 가지고 수행해나가는 것이 중요하다.[15] 이러한 가치를 실현해나가기 위해서는 지구상에 돌봄의 그물망을 만들어가는 새판짜기와 실험이 필요하다. 그것은 인간이 해보지 않은 실험이며, 구체적인 지식에 기반해 상호작용을 하면서 인간과 비인간 존재가 상호 공존의 방향으로 나아가야 하는 실험이다.

페미니스트 과학기술학자 마리아 푸이그 드 라 벨라카사^{María Puig de la Bellacasa}는 접촉 시각 개념을 제시하면서, 접촉적 시각이자 감응적 비전을 통해 보다 감각적이고 구체화된 지식에 기반해 접촉하고 상호작용하는 경험으로써 돌봄물^物을 재구성할 것을 강조한다.[16] 이런 실험이 필요하다는 것은 지금 지구를 지탱하고 있는 시스템으로부터 근본적인 전환이 필요하다는 의미이기도 하다. 기존의 정치·사회·경제적 규칙이나 문법은 비인간 존재를 존중하는 가치를 충분히 담고 있지 않으므로, 전면적인 재가치화·재규정 과정을 거쳐야 한다. 법률·제도·정책 면의 변화도 필수적이다. 그러나 동물 보호를 위한 관계법 개정 검토는 아직 이루어지지 않았고, 공장식 축산 제한 관련 법률적 논의 등 근본적인 변화는 논의의 장조차 마련되지 못하고 있다.

논의 진전을 위해서는 다양한 영역에서 비인간 존재에 대한 돌봄을 집단적으로 실험하고, 만들어가고, 제도를 제안하고, 대안을 실천하며 살아가고, 새로운 문화를 조성해야 한다. 새로운 방식의 생태민주주의 논의도 시작할 때가 되었다. 비인간 존재들을 옹호하는 이들 사이에서도 서로 다른 가치, 입장, 집단이 존재한다. 어떤 전환이 지구 생태계에 이롭고 가치있는 방식인지 논의하기 위해서는 먼저 다양한 집단 간의 소통, 의사결정 구조, 비인간 존재들을 옹호하는 목소리가 담기는 방식 등 논의의 틀 자체를 새로 세워야 할 것이다. 논의의 역점을 비인간 존재들을 배려하고, 미래 세대 인간들을 위하는 것에 두려면 어떻게 해야 할까? 가령 투표권이 없는 어린 세대에게 생태적 권리를 주거나, 발언할 수 없는 멸종위기의 도요새에게 법적인 권한을 부여하는 방식은 무엇일까?

이런 질문에서 보이듯 비인간 존재를 염두에 둔 콜렉티브 돌봄은 실험적이다. '콜렉티브collective한' 것이 처음부터 끝까지 완벽하게 나와 동일한 가치관을 가졌거나 동일한 실천을 하고 있는 사람들 혹은 공동체들과 함께하는 것은 아니다. 내가 지향하는 가치와 적어도 어느 지점에서인가는 만날 수 있고, '지금, 여기'에서 공동의 실천을 함께할 수 있다는 의미일 수 있다. 콜렉티브 돌봄으로의 전환은 현 정치·사회·경제 체제의 틈새에서 공동체를 통해 대안을 실험하기도 하고, 제도와 정책을 바꾸어나가기도 하며, 어느 순간에는 다차원에서의 혁신적인 전환을 만들어가는 다양한 방식으로 가능할 것이다. 이 공동 실천의 지향점은 이윤이 되지 않는 비인간 존재의 가치와 아름다움, 더 나아가 생태적 가치를 돌보고, 이를 통해 무엇보다도 현재 지구상의 인간 존재를 포함한 모든 존재가 멸종하지 않고 공존할 수 있도록 생태계를 지켜가는 여정이 될 것이다.

지금의 시점에서 태양계를 포함한 지구라는 행성이 소멸하기까지는 아직 오십억년 이상의 긴 시간이 남아 있다. 멸종의 위기에 처한 것은 지구가 아니고, 비인간 존재들도 아니며, 인간이 속한 호모 사피엔스라는 종임을 잊어서는 안 될 것이다.

고양이와 함께 되기

이 현 재

고양이의 말 걸기

나는 부분적인 회복 그리고 함께 잘 지내기를 위한 평범한 가능성들에 온 마음을 쓴다. 나는 그것을 '트러블과 함께 머물기'라고 부르겠다. 이는 복수종의 플레이어들 — 차이를 가로지르는 부분적이고 흠이 있는 번역으로 인해 곤란해진 자들 — 이 여전히 가능한 유한한 번성, 여전히 가능한 회복에 맞춰 살기와 죽기의 방식들을 다시 만드는 이야기다.[1]

이제부터 할 이야기는 내가 반려 고양이 미래와 관계를 맺으면서 어떻게 살아가고, 되어가고 becoming 있는지에 관한 것이다. 고양이를 입양한 것은 2020년 10월이었다. 롤러코스터 같은 인간사와 갱년기가 나를 뒤흔들고 있을 때였다. 작은 고양이는 한마디로, 너무 예뻤다. 까만 눈동자로 나를 볼 때면 기분이 좋아졌고, 부드러운 털은 만지기만 해도 위로가 되었다. 게다가 이 생명체는 나를 질투한다든지 배신할 일도 없었다. 오래전부터 고양이 입양을 원했지만 실행에 옮기지 못한 것은 키울 형편이 안된다고 생각했기 때문이다. 정재은 감독의 영화 「고양이를 부탁해」에서 생일선물로 받은 새끼 고양이를 다시 돌려준 혜주처럼, 나도 논문 한편이라도 더 쓰려면 연구실에 오래 남아 작업을 해야 한다고 생각했고, 잠깐 지방 강의라도 가게 되면 대신 고양이를 돌봐줄 사람이 없으니 입양해서는 안된다고 생각했다. 그러나 인간사가 부질없던 어느 날 폭우에 쫄딱 젖어 구조된 이 녀석의 사진이 나에게 말을 걸자 나는 나도 몰래 반응을 해버렸다. "제가 잘 키울 수 있을까요?"

고양이와 함께 사는 일이 나를 이렇게 변하게 할 것이라고는 상상하지도 못했다. 연두색 이동장에 몸을 웅크리고 있던 생후 삼개월 된 고양이가 "냐옹" 하면서 내게 말을 건 순간 많은 것이 변했다. 나는 고양이와 함께 살기 위해, 끊어졌던 고양이와의 연을 부분적으로라도 회복하기 위해, 열심히 고양이에게 귀를 기울였다. 고양이의 기분을 살피고 고양이의 배꼽시계에 내 하루 일정을 맞추었다. 나는 고양이에게 미래라는 거창한 이름을 붙여주기도 했다. 나의 미래, 현재의 미래, 나의 고양이. 이때부터 나는 연구실에 늦게까지 남아 글을 쓰기보다는 미래를 보기 위해 집에 일찍 들어갔고, 미래와 놀아주기 위해 체력을 비축했다.

어릴 적에도 고양이와 강아지를 키운 적이 있었는데 당시 나는 무척 이기적으로 그 여린 생명체들을 다루었던 것 같다. 너무 예뻐서 잘 때마다 다가가 손으로 집어 올리곤 했는데 그때마다 고양이가 질색을 하며 내 얼굴을 할퀴고 도망가곤 했다. 한번은 옆집에서 키우게 된 작은 강아지를 내가 꼭 안고 놔주지 않았는데, 버둥대던 강아지가 내 품에서 설사를 하기도 했다. 나는 그 아이들이 무엇을 원하는지도 모른 채, 내 위주로만 만지고 안고 예뻐했던 것이다.

이번에는 고양이 미래와 잘 지낼 수 있을까? 나는 과거의 실수를 만회하기 위해서라도 미래가 무얼 원하는지를 듣기 위해 애를 썼다. 책도 읽고 소셜 미디어에서 정보도 찾아보면서 고양이의 말과 행동을 번역하려고 애를 썼다. 미래가 언제 자고 언제 먹는지, 어떤 맛의 사료와 간식을 좋아하는지 계속 살폈다. 내 마음대로 쉼터를 마련해주기보다, 미래가 맘에 드는 자리를 찾으면 그 자리에 발톱으로 긁을 수 있는 스크래처나 몸을 숨길 수 있는 숨숨집을 놓아주었다. 미래가 머리를 바닥에 박으면서 엉덩이를 추켜세우면 팡팡 두드려주었고, 창문 앞에서 울면 창문을 열어주었다. 그러면서 내 몸의 리듬과 정동이 바뀌었다. 미래에게 아침을 주는 시간에 정확하게 눈을 떴고 저녁을 주는 시간에 맞추어 집에 갔다. 미래가 참을 수 없이 예쁘게 보여도 와락 달려들지 않고 다가올 때까지 기다리게 되었고, 새로 산 소파가 발톱에 갈라져도 웃을 수 있게 되었다. 미래는? 야행성인 고양이지만 내가 잘 때는 나를 건드리지 않았다. 살림살이들이 깨지지 않도록 조심스럽게 집 안을 돌아다녔고 내가 부르는 노래에 맞추어 꼬리도 흔들었다. 그렇게 우리는 함께 살고 함께 변했다.

친척 만들기와 트러블

　인간인 나와 비인간인 미래는 유전자를 나눈 가족은 아니다. 하지만 해러웨이의 용어로 말하자면 우리는 친척이 되었다. 우리가 서로를 "함께-구성"²하게 되었다는 것이다. 내가 미래의 삶에 영향을 미쳤듯, 미래는 나에게 영향을 미쳤다. 이 함께-되기로 인해 나는 다른 세계와도 이전과는 달리 관계를 맺기 시작했다. 이 땅에 사는 모든 존재와 친척이 될 수 있을지는 모르겠지만, 분명한 것은 내가 적어도 미래와 친척이 되면서 내가 사는 세계와 다른 관계를 맺기 시작했다는 것이다. 미래는 나의 일부가 되었고 나는 미래의 일부가 되었다.

　물론 다른 세계와 함께-되는 삶이 장밋빛만은 아니었다. 미래와 함께하는 행복이 소중해지자 없던 문제가 생기기도 했다. 집고양이 미래와 부분적으로 연결되기 시작했을 즈음부터 나는 길고양이의 고통을 그냥 지나칠 수가 없게 되었다. 저기는 고양이들이 은신할 만한 곳이라는 생각이 들면 영락없이 거기서 털이 더러운, 앙상하게 마른, 구내염을 앓는 고양이가 힘없이 나타났다. 학생들도 잘 오지 않는 겨울방학의 대학 교정에서 퉁퉁 부은 몸으로 찬바람과 사투를 벌이는 고양이가 눈에 띄고, 굴착기가 헤집어놓은 재개발 공사장 주변에 떼로 모여 우는 고양이의 소리가 들리기 시작했다. 안타까운 마음에 길고양이에게 밥을 주기 시작하자 돌아온 건 동네 주민의 항의였다. 고양이에게 밥을 주면 똥을 쌀 것이고, 그러면 동네가 더러워지는데, 그것까지 책임을 질 것이 아니라면 밥 주는 것을 그만두라는 것이었다. 그야말로 이러지도 못하고 저러지도 못하는 '트러블'이 시작된 것이다.

도시에 사는 길고양이는 인간의 필요로 인해 같이 살게 되었던 집고양이가 필요성이 없어지자 쫓겨나게 되면서 생긴 유기동물이라고 한다. 농경이 본격화되자 사람들은 편의를 위해 고양이를 길들였다. 쥐를 잡아서 곡식을 지켜주는 고양이는 농경사회에서 꼭 필요한 존재였다. 그러나 산업사회의 시작과 함께 고양이는 필요 없게 되었고 이에 일부는 '애완' 고양이로, 일부는 길고양이로 살게 되었다. 그렇게 도시의 거리를 배회하면서 쓰레기를 뒤지는 길고양이가 탄생하게 된 것이다. 길고양이는 야생 들고양이와 달리 완전한 독립생활이 불가능하기에 인간의 주변을 떠날 수 없다고 한다. 이런 점에서 동물윤리학자 수 도널드슨Sue Donaldson과 정치이론가 윌 킴리카Will Kymlicka는 길고양이를 완전히 길들여진 동물도, 완전히 야생동물도 아닌 경계 동물[3]이라고 부른다.

나는 미래와 친척이 될 수 있었다. 우리는 함께 살면서 서로에게 연결되어 있으니까. 미래는 나에게 특별한 고양이니까. 하지만 인간이 더이상 편의를 주지 않는 길고양이와도 친척이 될 수 있을까? 우리는 애물단지, '트러블 메이커'가 된 길고양이와도 친척이 될 수 있을까? 왜 인간은 길고양이와 친척이 되어야 하는가? 인간이 살기 위해서 다른 생명체를 배제해도 된다는 생각은 어디에서 유래하는가?

인간중심주의와 종차별주의

왜 인간은 그렇게 귀하게 여기던 고양이를 내쫓게 되었는가? 여기서 우리는 발전과 필요를 강조했던 인류세 문화의 중심에 인간중심주의가 있음을 숙고해볼 필요가 있다. 인간중심주의는 인간을 다른 종과는 완전히 분리되고 예외적인 존재로 보면서, 인간이라는 종을 존재·인식·도덕의 특권적 위치에 둔다. 인간은 다른 종과는 달리 이성적이고, 정신적이며, 도덕적 세계를 갖는다고 여긴다. 독립적이고 우월한 인간은 자연과 대상을 자신의 목적에 맞게 변형시키는 가운데 발전을 이루고, 그 궁극에서 자유를 성취한다.

인간중심적 세계관에 따르면 인간이 아닌 존재, 즉 비인간은 인간과의 관계 속에서 규정된다. 가령 집고양이는 인간에게 기쁨을 주며 인간의 소유이기에 그 존재가 인정된다. 길고양이는 인간에게 불쾌함을 줄 뿐만 아니라 누군가의 소유가 아니기 때문에 관계에서 배제된다. 행정기관은 그 누구에게도 속해 있지 않은 길고양이들을 '시민의 불편을 최소화하는 선에서' 관리하고 처리한다.[4] 여기서 모든 판단의 척도는 인간·남성Man이다.

인간중심주의에 기반한 인류세는 오히려 인간을 파괴하기에 이르렀다. 페미니스트 철학자 로지 브라이도티는 인간 남성을 대표로 하는 주권적 주체가 종차별주의를 토대로 무도한 난개발을 진행해 종국에는 스스로의 삶의 터전마저 파괴하기에 이르렀다고 비판한다. 인간중심주의 내에서 인간은 자신을 중심으로 놓고 다른 존재들을 대하기 때문에 비인간을 목적에 맞게 지배하려는 태도에서 벗어날 수 없다. 아파트를 지어 돈을 벌고 그 돈으로 자신의 유전자를 가진 자식을 먹여 살리는 것을 지상과제라고 생각하는 사람들은 자연과 비인간을 자신의 이익에 맞게 처분하게 된다. 그리고 그 결과 자식이 살아갈 지구에 위기를 초래하게 되었다. 인간중심주의를 기반으로 한 자식 만들기는 그 자식들이 먹고, 숨 쉬고, 살아갈 환경을 파괴하는 아이러니한 결과를 낳게 된 것이다.

자식에게 줄 아파트만을 생각하는 인간에게는 그 아파트가 들어서면 쫓겨나게 될 다른 사람들과 다른 종들을 생각할 능력이 없다. 앞의 영화에서 매일매일 닿지도 않을 성공만을 보고 달려가는 혜주에게 고양이뿐 아니라 친구들의 안녕을 돌볼 시간이 없는 것처럼 말이다. 인간의 자기중심성에 따른 비인간 지배와 착취가 결국 인간 자신의 죽음을 초래하는 환경파괴를 가져왔다는 것은 곧 인간이 자기중심성을 벗어나지 못하면 이 파국 또한 벗어나지 못한다는 것을 의미하는 것이 아닐까?

나는 미래를 입양하면서 길고양이를 보게 되었고, 길고양이를 통해 나 자신이 다른 존재들과 연결되어 있음을 어렴풋이 알게 되었다. 길고양이는 나에게 편의를 주는 한 용납될 수 있는 것 또는 내가 나의 목적에 맞게 지배해야 할 것이 아니라, 나와 함께 살고 있는, 나의 일부인 자연이다. 나는 먹고, 자고, 숨 쉬는 순환 과정 속에서 다층적 존재들과 연결되어 있기에, 이들과 어떻게 함께 잘 살 수 있는지를 걱정하지 않을 수 없다. 이들이 파국에 처해 있음은 곧 나의 안녕이 위협받고 있다는 것을 의미한다.

우리는 모두 연결된 존재다

그렇다면 어떻게 살아가야 할까? 나는 인간을 비인간과 분리된 특권화된 종이 아니라 비인간과 연결된 존재로 바라보는 태도가 바로 인간중심주의가 몰고 온 위기를 타파하는 시작점이라고 생각한다. 비인간 존재와의 관계회복은 인간·남성중심주의를 비판했던 에코페미니즘의 간절한 소망이기도 하다. 에코페미니스트들은 나무와 땅이 자신과 따로 있는 것이 아니라 자신과 연결되어 있다는 것을 인정할 때 인간중심주의를 넘어 함께 사는 방식을 모색할 수 있다고 본다.

21세기 들어 극도로 심각해진 기후위기는 인간을 위해 비인간을 죽이면 인간도 죽게 된다는 것을 보여주었다. 그리고 인간과 비인간이 서로 연결되어 있음을 각성하도록 만들었다. 우리가 서로 연결되어 있는 존재라는 것이 자명하다면, 나는 살기 위해 너를 죽이는 것이 아니라 너를 함께 돌볼 필요가 있게 된다. 하지만 서로 연결된다는 것은 무엇인가? 아직도 우리는 종과 종을 서로 구분된 것으로 설정하고 그 사이에 관계를 의미하는 줄표를 두는 방식으로 연결을 사고하는 것에 익숙하다. 환경보호나 동물권에 대한 이야기를 할 때조차도 인간-자연, 인간-동물을 분리된 종으로 이해한 후 양자의 접점을 찾는 방식을 모색하곤 한다. 서로의 차이를 인정해야 한다거나, 서로의 권리를 존중해야 한다는 주장도 가만히 보면 각각을 분리된 존재로 상정하고서 이들을 어떻게 연결시킬 것인가를 고민하는 사고에서 나온 것이다. 이러한 사고는 지배적 인간이 다른 종과 연결되어야 할 이유보다 분리되어야 할 이유를 더 쉽게 찾도록 만든다. 그렇다면 우리는 처음부터 스스로를 비인간과 구분된 인간·남성 종이 아니라 '인간-비인간'으로 사고할 필요가 있는 것이 아닐까? 우리는 서로 분리되어 있다가 연결되는 것이 아니라 처음부터 연결되어 있기에, 제대로 된 연결을 모색해야 하는 것이 아닐까? 사실 인간은 다른 종과 한번도 완벽히 분리되었던 적이 없다. 인간이 자기중심적인 사고로 자연에 횡포를 부릴 때에도 인간의 몸속에는 항상 박테리아와 균들이 살고 있었으니 말이다.

이런 연결적 사고를 위해 해러웨이는 인간과 비인간을 모두 퇴비로 이해하자고 제안한다. 여기서 퇴비는 오염물이자 죽은 것들과 산 것들이 서로 관계를 맺으며 혼합된 것을 일컫는 비유이다. 인간을 퇴비로 이해한다는 것은 인간을 순수한 정신이나 통일성을 갖는 주체, 뚜렷한 정체성을 갖는 호모^{homo}로 이해하기보다 정신과 물질, 죽은 것과 산 것, 주체성과 대상성이 함께 살고 있는 부식토, 즉 후무스^{humus}로 이해하자는 것이다. 인간의 몸 안에는 죽은 세포들과 균들이 함께 얽혀 살고 있으며, 살기 위해 먹었던 것들을 배설물로 뱉어내는 구멍이 있다. 인간의 몸은 안과 밖의 드나듦 속에서 뚜렷한 정체성으로 닫혀 있지 않으며, 끊임없이 밖과 소통하고 있다. 인간은 이미 그 안에 밖을 포함하고 있으며 그런 의미에서 안과 밖은 얽혀 있고 열려 있다. 만약 해러웨이의 제안대로 인간을 부식토로, 퇴비로 이해한다면 인간과 길고양이의 관계는 종을 뛰어넘은 관계가 아니라 퇴비 간의 관계가 될 것이다. 다시 말해서 인간-

비인간의 관계는 연결체들 간의 관계이지 분리된 개체들 간의 관계가 아니라는 것이다.

내적 이질성을 갖는 부식토들 간의 관계는 안으로부터 뚜렷하게 분리된 밖과 맺는 상호 관계가 아니라 안과 밖이 얽힌 것들 간의 내재적 관계이다. 부식토로서의 인간은 자신과 분리된 환경과의 관계를 회복하기 위해서 자신과 종적으로 다른 어떤 것을 인정하거나 그것과의 소통을 모색할 필요가 없다. 분리된 자들 간의 관계는 제 3의 매개가 없는 한, 더 많은 권력을 가진 존재자가 더 적은 권력을 가진 존재자들을 지배하는 것으로 끝날 확률이 높다. 반면 부식토로서의 인간은 자신 안에 서로 얽혀 있는 이질성들과의 관계를 모색한다. 인간중심성을 벗어나 길고양이와 친척이 되는 일은 오직 시민들이 자신을 퇴비로 이해할 때 가능한 것이고, 인간이 자신을 비인간과 구분되는 동일자로서가 아니라 비인간과 연관된 이질적 집합체로 이해할 때 가능한 것이다.

돌봄은 자선이 아닌 연결

나의 고양이 미래와 내가 마주친 길고양이의 이야기로 돌아가 보자. 나는 미래가 하루종일 창밖을 보고 있으면, 밖에 나가서 바람을 쐬게 해주고 싶다. 내가 추우면 혹시나 미래도 춥지 않을까, 답답하지 않을까, 심심하지 않을까 노심초사하면서 관심을 기울인다. 나는 미래에게 어떻게 연결될 수 있는지를 고민하고, 미래는 함께 사는 나에게 응답한다. 그래도 내가 여전히 인간중심적으로 우리의 연결을 바라보고 있는 것은 아닐까?

미래가 중성화 수술을 하고 목 보호대를 끼고 있었을 때 나는 마치 내가 보호대를 끼고 있는 것처럼 불편하다고 느꼈다. 추운 겨울 날 삐쩍 마른 길고양이와 마주쳤을 때 나는 나의 배고픔과 추위를 그대로 그 고양이에게 투사했다. 그 길고양이를 집으로 데려오지 못했다는 죄책감, 길목마다 도사리고 있는 그들의 고통을 간과했다는 죄책감에 견딜 수 없었다. 나는 죄책감을 상쇄라도 하려는 듯 가방 안에 책 대신 사료를 넣어 다니면서 만나는 길고양이들에게 밥을 주었다. 불쌍한 길고양이. 그러나 나는 여전히 우월한 내 상황을 중심으로 고양이에게 자선을 베푸는 것이 아닐까? 나는 여전히 내 삶을 중심으로 그들을 동화시켜 생각하는 것이 아닐까? 이것은 관계 맺기라기보다 동화시키기가 아닐까?

나는 부식토가 아닌 호모로 고양이와 관계를 맺고 있는 것이 아닐까? 왜 나는 고양이와의 관계 속에서 고통스러워하고 스스로를 자책하는 것일까? 미래, 그리고 길고양이들과 함께하면서 내 안에 자리 잡았던 고통이 무엇인지를 생각해보았다. '트러블'을 마주했을 때 느끼게 되는 이 과잉된 감정의 정체는 무엇일까? 고양이가 집에서 답답할 것이라는 생각은 인간중심적 관점에서 인간의 감정을 이입해 만들어낸 고통이 아니었을까? 배가 고프고 몸이 아픈 길고양이에 대한 연민은 하찮은 미물에 대해 인간이 베풀 수 있는 시혜가 아니었을까? 휴일에도 빼놓지 않고 길고양이 밥을 주었던 것도 도덕적으로 선하고 싶은 우월한 인간의 자선 행위가 아니었을까? 인간의 도덕적 우월성도 인간중심성의 한 형식이라면, 인간중심성을 벗어나 서로를 돌보는 관계란 대체 무엇일까?

해러웨이는 퇴비로서 다른 종들과 협력하며 보고, 듣고, 주의 깊게 살아갈 때, 인간은 타자와의 새로운 관계 형식을 실천할 수 있다고 보았지만 아무리 나와 고양이를 모두 퇴비와 같은 존재로 인식한다고 해도 내가 인간으로서 살아온 습관을 하루아침에 모조리 버릴 수는 없지 않은가? 인간의 감정을 고양이에게 투사하지 않고 고양이를 보고 들을 수 있는 것일까? 어떻게 인간이라는 기준을 버리고 다른 종들과 협력해 살아갈 수 있을까? 다른 종들과의 상호 돌봄을 위한 일이 어떻게 하면 끊임없는 자책과 책망 그리고 고통으로 점철되지 않을 수 있을까?

여기서 우월한 위치에서 그들을 '구조'하지 못했다고 자책하기보다는 부분적으로나마 꾸준히 연결점을 찾고, 실패를 거쳐 새로운 관계 유형을 만들어내자고 하는 해러웨이의 제안이 커다란 안도감을 준다. 전체가 아니라 부분으로, 시각적이 아니라 촉수적으로 관계를 맺는 존재들을 생각하자는 것은 적어도 도덕적 우월성을 기반으로 하는 인간식 사고에 대한 경계를 담고 있다. 이러한 사고방식은 다른 종들과 함께하면서 생기게 되는 '트러블'을 곁에서 부분적으로나마 함께 보고 듣고 주의 깊게 살아갈 수 있도록 독려한다. 인간중심주의를 벗어난 돌봄의 관계는 다른 종의 말 걸기에 꾸준히 응답하는 것이지, 우월적 위치에서 다른 종의 생명을 전적으로 책임지는 것이 아니다.

우월한 인간의 위대한 자선이나 숭고한 책임이 아니라, 부분적

연결을 위한 촉수를 세우고 고양이의 말 걸기에 응답하는 삶을 살고 싶다. 고양이가 나에게 뻗는 촉수에 내 촉수를 걸치고 응답하기 위해 겸손히 고민하고, 연결의 과정에서 함께 변해가고 싶다. 그러다 보면 언젠가는 죄책감 없이, 길고양이와도 친척이 될 수 있지 않을까?

도시에서 새의 삶과 죽음을 알아보고 응답하기

홍 자 경

주의를 기울이면 보이는 존재들

집 근처 공원이나 하천에서 가벼운 산책을 즐기는 도시인이라면, 가끔은 걷는 속도를 줄이고 이어폰을 뺀 채 귀를 활짝 열어보라. 갈 길 급한 자동차들의 경적 소리와 신호등의 안내음, 사람들의 발걸음과 대화가 내는 잡다한 도시의 소음 사이로 이름 모를 새들의 소리가 선명하게 들려오기 시작할 것이다. 호기심이 발동했다면 그 소리가 나는 방향이 어디인지 찬찬히 파악하며 시선을 옮겨보자. 이 모든 일이 처음이라면 무언가 열심히 말하고 있는 새를 단번에 찾아내기 어려울 수 있다. 하지만 도시의 삶에 익숙해져 사람을 크게 경계하지 않는 새들이라면 예상보다 빨리 당신의 시야에 들어올 수도 있을 것이다. 그 새들은 까치, 비둘기, 참새, 직박구리, 박새, 큰부리까마귀 같은 이름을 가졌다. 찾아낸 새가 당신을 크게 신경 쓰지 않아도 될 만큼의 거리에서 가만히 바라보다보면, 그 눈과 부리, 날개의 모양, 깃털의 색깔 배치와 질감, 두 다리로 나뭇가지를 굳세게 잡은 모습까지 모두 생경하게 느껴질 것이다. 까치의 짙은 남색 깃털에 햇빛이 비치면 오묘한 무지갯빛으로 빛난다는 것, 참새는 양쪽 뺨마다 작고 새까만 점이 찍혀 있다는 것, 일상적으로 듣던 가장 수다스러운 새소리의 주인공은 바로 직박구리였음을 깨닫게 될 때, 우리는 비로소 새를 볼 수 있는 존재가 된다.

야생의 새를 관찰하는 탐조 활동은 오랫동안 여유 있는 오륙십대의 전유물로 여겨졌다. 값비싼 장비를 자가용에 싣고 유명 탐조지를 적기마다 방문할 수 있을 만큼 시간적·재정적 자원이 풍부한 이들이 대부분 중산층 이상의 중장년층이기 때문이다. 그러나 최근 오년간 탐조에 입문하는 청년층이 늘어나면서 탐조문화의 성격도 변하기 시작했다. 청년층의 유입 자체가 탐조 유튜브 콘텐츠의 인기를 바탕으로 시작되었기 때문에, 시간적·재정적 여유가 상대적으로 많지 않은 상황 속에서도 쉽게 새와 만날 수 있는 도시공간의 탐조가 활성화되었다. 도심지에서 멀리 떠나 이색적인 새를 만나는 것이 목적이었던 탐조문화는 나와 삶의 반경이 유사한, 평범하고 일상적인 새들과의 마주침을 새롭게 의미화하는 방향으로 재구성되기 시작했다.

이러한 변화에서 흥미로운 것은 도시 거주민들이 더이상 도시를 자연으로부터 분리된 인간 거주지로 간주하지 않게 되었다는 점이다. 다종 연구자이자 페미니스트인 애나 칭Anna Tsing은 자본주의적 폐허 속에서도 솟아나는 인간, 비인간의 생명력에 주목하며,

인류세 시대의 수많은 오염되고 교란된 땅에서 자연-문화 이분법으로는 포착할 수 없는 다양한 생물종들의 뒤얽힌 삶의 양식이 드러난다는 점을 설명했다.[1] 저렴하고 가벼운 쌍안경과 도감을 들고 집 주변으로 나선 도시 탐조인은 바쁜 일상의 동선에서 배경으로만 존재했던 작은 녹지공간에서도 많은 새들이 활력 있게 살아가고 있다는 것을 처음으로 경험하게 된다. 하지만 동시에 인간의 생활양식만을 고려해 설계된 도시공간의 인프라가 새들의 삶을 위태롭게 만들고 있다는 사실 또한 깨닫게 된다. 생물들이 제대로 살 수 없을 것이라고만 생각했던 열악한 도시의 식생 또한 누군가의 삶이 이어지는 장소라면, 도시에 대한 우리의 관점과 태도는 어떻게 달라질 수 있을까? 또 도시가 초래하는 수많은 죽음들에 어떻게 응답하고, 인간 아닌 존재들이 도시에서도 생존을 영위할 수 있도록 행동할 수 있을까?

새의 죽음을 가속화하는 도시

2021년 11월 경향신문에 「날개 꺾는 '죽음의 유리창'… 반복된 고통을 기록한다」라는 제목의 기사가 게재되었다. 서울시 서대문구에 위치한 이화여자대학교의 대형 유리 건축물인 ECC에서 지속적으로 발생하는 조류 유리창 충돌 사고와 이를 해결하기 위해 행동에 나선 교내 윈도우 스트라이크 팀에 대한 보도였다.[2] 조류의 유리창 충돌 문제는 2019년 환경부와 국립생태원에서 진행한 야생조류 유리창 충돌 저감 캠페인을 통해서 한차례 공론화된 적이 있었다. 정부 차원에서 공식적으로 조사에 착수해 한국에서 연간 팔백만마리의 새가 유리창에 충돌하고 있다는 사실이 처음으로 확인된 시기였다. 사람들은 유리가 투명하고 반사성이 강해 새들이 유리창을 개방된 공간으로 인식한다는 것, 새는 인간이 걷는 것보다 훨씬 빠른 속력으로 날기 때문에 전속력으로 유리에 부딪히면 대부분 즉사한다는 것을 알게 되었다.

이 문제를 장기적인 관점에서 고민하고 해결방안을 찾기 위한 지속적인 모니터링 체제가 필요해지자, 야생생물 기록플랫폼인 네이처링에서 모든 시민을 대상으로 야생조류 유리창 충돌 조사 과제를 개설했다.[3] 윈도우 스트라이크 모니터링 팀도 꾸준히 캠퍼스 내 유리창에 충돌한 새들을 찾고 기록하는 조사 활동을 진행하며, 새들을 죽음으로 유인하는 주요 건물들에 대한 학교 당국의 대처를 촉구했다. 정부 캠페인이 시작되었던 시기에 관련 뉴스를 처음 접했지만 금세 잊었던 나는 몇년이 지난 후 이들의 이야기와 다시 마주쳤다. 나는 이화여대 근처에서 모임이 생기면 종종 약속 시간보다 조금 일찍 도착해 ECC의 돌계단에 앉아 있곤 했다. 학생들이 도란도란 이야기 나누며 지나가는 소음을 배경으로 하늘을 올려다보거나 책을 펼쳐놓고, 이따금 까치나 참새들이 날아와 계단을 총총 오르내리는 모습을 구경하는 순간을 좋아했다. 그러니까 ECC는 나의 생활반경 안에 있는 공간이었고, 그곳에서의 기억에는 거의 언제나 새들이 있었다. 그런데 나는 왜 그곳에 있던 그 모든 시간 동안 새의 죽음을 단 한번도 보지 못했던 것일까? 죽은 새들의 사진을 살펴보니 참새 외에는 대부분 생경한 작은 산새들이었다. 이 이름 모를 새들은 누구인지, 어디에서 어떻게 살아가다 ECC의 유리에 몸을 부딪히게 된 것인지, 나는 왜 이들의 죽음을 한번도 마주하지 못한 것인지, 질문에 질문이 이어졌다.

그러던 중 윈도우 스트라이크 모니터링 팀에서 진행하는 야생조류 유리창 충돌에 대한 온라인 강연이 있어 참여했고, 그곳에서 한 영상을 보게 되었다. 윈도우 스트라이크 모니터링 팀이 ECC 건물을 조사하던 중 촬영한 짧은 영상이었다. ECC 건물 사이로 광활한 통로가 보이고, 통로의 가장자리에 작은 새가 누워 있다. 바쁜 발걸음들이 아슬아슬하게 새를 지나친다. 새의 몸에 사람의 발이 거의 닿을 듯하는 순간마다 강연을 듣는 이들의 얼굴에도 불안이 스쳤다. 결국 그 어떤 이의 발도 새 앞에서 멈추지 않은 채로 영상은 끝났다.[4] 그때서야 나 또한 급히 발걸음을 옮기던 영상 속 수많은 사람 중 하나였을 수 있겠다는 생각이 들었다. 그러니까 죽음을 막기 위한 기록의 첫 단계는 '알아보는' 일이었다. 새들의 죽음을 '알아달라'는 요청은 새들의 죽음이 아직도 계속 진행 중에 있다는 사실을 기억해달라는 것을 넘어, 새의 존재를 인식하는 감각을 배우고 일상에서 최대한으로 발휘해달라는 의미로 다가왔다.

나는 하루에도 수십번씩 일어나는 고요한 사고들에 주의를 기울이기로 작정한 사람들이 궁금했고, 조류 충돌 모니터링을 진행하는 다양한 현장에 찾아갔다. 많은 젊은 여성 탐조인들을 만났다. 모든 여성들이 자신을 생태주의자나 에코페미니스트라고 정의하는 것은 아니었지만, 자신과 같은 삶의 장소를 공유하는 새들의 죽음에 책임이 있다는 에코페미니즘적 감각을 분명히 공유하고 있었다. 그들은 새-타자의 더 나은 삶을 염려하고, 그들의 죽음을 막기 위해 적극적으로 관여하는 구체적인 실천이 중요하다고 믿고 행동에 옮기는 사람들이었다.

도시의 새들에게도 안전한 공간이 필요해

내가 만난 여성들은 유리 구조물이 새들에게 치명적인 이유를 살피려면 유리의 특성과 새들의 특성 모두를 고려해야 한다고 말해주었다. 유리는 투명하고 반사가 잘되는 성질을 가지고 있다. 투명한 유리를 정면에 두었을 때 새는 유리가 존재하지 않는 것으로 인식해 그대로 통과하려고 한다. 반면 반사가 잘되는 유리를 정면에 두면 주변의 하늘이나 식생이 그대로 비쳐서 새에게 자연환경으로 인식된다. 새들은 빠른 비행에 최적화된 가벼운 골격을 가지고 있어서 유리에 충돌할 경우 심각한 신체손상을 입고 대부분 죽는다. 게다가 도시에 주로 서식하는 작은 텃새와 산새 들의 눈은 천적의 등장에 신속히 대처하기 위해서 머리 정면이 아니라 측면에 위치해 있다. 이는 전방거리 감각에는 불리해 전방에 있는 유리 구조물을 인식하기가 한층 어렵다.[5] 이 사실을 뒤늦게 알게 된 사람들은 하루 이만마리라는 숫자의 죽음에 긴급하게 대응하기 위해 새들과 소통할 방법을 강구해야만 했다.

새와 구조물의 충돌 원인은 충돌이 발생한 구조물의 형태와 주변 식생의 배치, 개체 종에 따라 다르게 해석할 수 있다. 따라서 해결방안 역시 다양하게 모색해야 한다. 그럼에도 현재 거의 모든 상황에 통용될 수 있다고 합의된 충돌 저감 규칙은 높이가 5센티미터, 폭이 10센티미터 미만인 무늬를 유리에 넣는 것이다. 특별제작된 스티커를 부착할 수도 있지만, 가지고 있는 스티커나 물감 등으로 직접 아무 패턴이라도 만들어도 무방하다. 국내외의 다양한 연구를 통해 새들의 최소한의 요구사항을 이해하게 된 결과다. 인간 사회의 요구사항도 추가되었는데, 경제적이면서도 인간의 관점에서 심미적으로 불편함이 없고, 조망권을 해치지 않아야 했다. 도시의 설계를 두고 인간과 새의 협상이 가능해지게 된 것은 오랫동안 끈기와 책임감으로 새들의 죽음을 지켜본 사람들의 노력이 있었기 때문이다.

새들과의 소통은 이미 2018년 무렵 한차례 실패를 겪었다. 조류 유리창 충돌 문제가 국내에 공론화된 후 가장 먼저 제안되었던 버드 세이버Bird Saver 스티커는 맹금류 모양이었다. 죽음을 맞는 새들이 대부분 작은 새들이기 때문에 천적 모양의 스티커를 붙이면 그 구역을 피해갈 것이라는 가설을 바탕으로 제작된 것이었다. 그러나 곧 맹금류 스티커를 붙인 유리 구조물에 대한 시민들의 사후 모니터링을 통해 새들은 이것을 천적이 아닌 단순 장애물로 인식해 맹금류 스티커가 부착되지 않은 유리면으로 다시 충돌한다는 것을 알게 되었다. 스티커 모양이 무엇인지가 중요한 것이 아니라, 스티커의 배치 간격과 규모가 중요했던 것이다.

이러한 실패를 통해 사람들은 새의 세계를 더 깊이 이해하는 훈련을 겪어야 했고, 5×10 규칙이라는 새로운 해결책에 도달할 수 있게 되었다. 다만 5×10 규칙에 따라 부착한 점자 스티커 역시 여전히 새들과 협상 중인 신호이다. 초반부의 스티커는 단일한 흰색, 검은색으로 주로 구성되었는데 이렇게 하면 배경 밝기에 따라 새들에게 잘 보이지 않을 수 있다는 것을 알게 된 것이다. 가장 최근에 쓰이는 방법은 흰색, 주황색, 갈색, 회색, 검은색 등 다양한 색을 조합해 어떤 조건에서도 새들에게 스티커가 잘 보이도록 하는 것이다. 가령 2022년 11월 서울시 신촌 기차역의 유리난간에 시민들이 진행한 조류 충돌 저감 활동에서는 주황색과 검은색이 혼합된 스티커를 사용했다.

새들이 충돌하는 유리 구조물을 일상 공간에서 찾아내고, 구조물에 점자 스티커를 부착하고, 그 과정을 공론화하는 사람들의 활동은 도시의 공중을 인간과 비인간과의 분배가 필요한 커먼즈로서 재의미화하고 있다. 새들이 이해할 수 있는 언어를 찾아내 인간의 구조물이 이곳에 있다는 신호를 그들에게 전달하는 일은 구조물 이외의 공중의 공간을 새들이 죽음의 위협 없이 이동할 수 있도록 보장하는 정의로운 분배의 작업이 되었다. 이 모든 생물종간 협상의 과정은 해러웨이가 말한 실뜨기 게임의 일부가 된다. 복수의 종들이 "실을 서로에게 건네주기 위해 가만히 들고 있다가, 실을 떨어뜨리고 실패하기도 하지만, 때로는 유효하게 작동하는 무엇을 발견하는 것"[6]이다. 그렇게 발견해낸 5×10 규칙은 인간과 새가 도시에서 함께 살아가기 위한 구체적인 공거의 언어가 되었다.

사람들은 정책 수립에도 적극적으로 나섰다. 문제가 본격적으로 공론화된 2019년부터 2023년까지 전국 27개 지자체가 야생조류 충돌 예방 조례안을 만들었고, 2022년 5월 29일에는 야생생물 보호 및 관리에 관한 법률 개정안이 국회 본회의를 통과함에 따라 2023년 6월부터 공공기관의 건축물, 방음벽, 수로에 충돌 저감 방안을 적용해야 하는 법적 강제성이 생겼다. 물론 국내 공공 건축물의 비율은 3퍼센트에 불과하니, 나머지 사유 건물에 대한 실태조사를 의무화하고 국가 예산을 배당하기 위해서 제도 도입을 이끌어내야 하는 상황이다.[7] 그래도 새의 죽음을 국가가 인지하고 해결방안을 모색해야 한다는 것을 일차적으로 설득하는 성과는 분명히 낸 것이다.

새들을 도시의 거주민으로 초청하는 커머닝

비인간의 삶까지 포괄적으로 고려하는 도시 정치는 그들이 필요로 하는 구체적인 물적 자원이 무엇이며 접근성은 어떤지, 또 동시에 그들을 죽음으로 이끄는 물적 조건 및 담론은 무엇이며 그것을 어떠한 방식으로 해결할 것인지 질문하고 그에 응답해나가는 커머닝의 과정을 필요로 한다.[8] 이 과정에서는 인간사회가 독점해왔다고 생각한 도시 내 자원을 이미 인간 아닌 종들이 다양한 방식으로 점유해오고 있었음을 인식하고, '이미 늦었다'는 비판에 관계없이 그들의 지속가능한 삶을 위한 커먼즈의 비배제의 원칙을 도시에서 선언하고 확장해가야 한다. 나아가 이러한 정치를 함께 실현시킬 공동체를 마련해야 한다. 이는 오래전부터 많은 에코페미니스트들이 강조했던 생태적 생활정치의 방식이다.

커머닝에 적극적으로 참여하는 거주민들이 많아질수록 도시는 종을 넘나드는 돌봄이 무엇인지, 그 돌봄을 위해 필요한 환경·담론·제도상 요소는 무엇인지 다채롭게 상상하고 논의하는 곳이 된다. 도시는 자본의 이윤증식이 가장 활발히 전개되는 장소일 뿐만 아니라, 개인의 익명성과 유동성이 높아 공동체가 명확하게 정의되기 어렵다는 점에서 전통적인 비도시 커먼즈와는 다른 조건에 놓여 있다.[9] 그렇기에 도시 커먼즈 운동의 정치적 의미는 "시장과 자유주의적 발전에 근거한 배제적 도시화에 대항해 자원을 공동체 모두의 것으로 만들기 위한 회복적 실천"[10] 그 자체를 통해 확립된다. 새들의 더 나은 삶을 위해 목소리를 내온 탐조인들의 활동은 인간 너머의 커머닝 정치를 구체적으로 그려볼 수 있는 하나의 사례를 제공해준다. 인간 아닌 존재들의 삶에 반응하고 그들의 도심 속 생존을 고민하는 거주민들이 늘어난다면, 도시공간도 다채로운 생명력이 범람하는 에코페미니스트 정치의 현장으로 변모할 수 있다.

지은이 소개

(가나다 순)

강지연   에코페미니즘 연구센터 달과나무 연구위원. 여성학을 공부했고
토종씨앗 살리기 단체인 사단법인 가배울 이사장으로 활동하고
있다. 도시농업과 토종씨앗 살리기에 관련된 일을 하고 있다.

김신효정   에코페미니즘 연구센터 달과나무 부센터장. 여성학과 개발협
력을 전공했다. 박사논문으로 「인도네시아와 한국 여성농민의
대안농업을 통해 본 생태시민되기」를 썼다. 지은 책으로 『씨앗
할머니의 비밀』 『다시 쓰는 여성학』 『덜 소비하고 더 존재하라』
『이렇게 하루하루 살다보면 세상도 바뀌겠지』가 있다.

김은희   에코페미니즘 연구센터 달과나무 센터장. 젠더정치연구소
여.세.연에서도 활동하고 있다. 젠더법학과 사회학을 공부했고,
여성운동에 발을 들인 이후로 젠더정책과 페미니스트 정치 운동

을 주요 의제로 삼아왔다. 민주주의와 시민 되기, 자치와 자급 등이 주요한 관심사다. 이제는 은퇴한 여성운동 활동가로 일상을 꾸리면서 기후위기시대에 함께 살아가기를 고민하고 있다.

김현미 에코페미니즘 연구센터 달과나무 연구위원. 연세대학교 문화인류학과 교수. 주요 연구 분야는 젠더의 정치경제학, 이주자와 난민, 에코페미니즘과 생태문제다. 지은 책으로 『흠결 없는 파편들의 사회』 『글로벌 시대의 문화번역』 『우리는 모두 집을 떠난다: 한국에서 이주자로 살아가기』 『페미니스트 라이프스타일』이 있다.

김혜련 에코페미니즘 연구센터 달과나무 연구위원. 텃밭을 일구고 뜰을 돌보며, 글을 쓴다. 문학과 여성학을 공부했고, 나이듦과 자연, 에코페미니즘을 공부하고 있다. 지은 책으로 『고귀한 일상』 『밥하는 시간』 『학교종이 땡땡땡』 『남자의 결혼, 여자의 이혼』이, 함께 지은 책으로 『벗자 편지』 『학교붕괴』 『결혼이라는 이데올로기』가 있다.

나희덕 에코페미니즘 연구센터 달과나무 연구위원. 서울과학기술대학교 문예창작학과 교수. 시집으로 『뿌리에게』 『그 말이 잎을 물들였다』 『그곳이 멀지 않다』 『어두워진다는 것』 『사라진 손바닥』 『야생사과』 『말들이 돌아오는 시간』 『파일명 서정시』가, 시론집 『보랏빛은 어디에서 오는가』 『한 접시의 시』가, 산문집 『반통의 물』 『저 불빛들을 기억해』 『한 걸음씩 걸어서 거기 도착하려네』 등이

232

있다.

박혜영 에코페미니즘 연구센터 달과나무 연구위원. 인하대학교 영어영
문학과 교수. 연구 분야는 낭만주의 영시, 페미니즘 비평, 생태문
학이다. 지은 책으로 생태적 관점에서 영미권 작가들을 소개한
『느낌의 0도: 다른 날을 여는 아홉 개의 상상력』이, 함께 지은 책
으로 『고전의 향연』 『페미니즘, 차이와 사이』 『영어권 탈식민주
의 소설연구』 『생태와 대안의 로컬리티』가 있으며, 옮긴 책으로
『9월이여 오라』 『굿워크』가 있다.

유서연 에코페미니즘 연구센터 달과나무 연구위원. 철학을 전공했고, 현
재 여성철학과 젠더 문제에 관심을 갖고 글을 쓰고 있다. 지은 책
으로 『공포의 철학』 『시각의 폭력』이, 함께 지은 책으로 『디지털
시대의 정체성과 위험성』이 있다. 『20세기 서양철학의 흐름』을
우리말로 옮겼다. 다큐멘터리 「여자의 몸으로 글쓰기: 허난설헌」
「당신의 나이는 몇 살입니까?」를 연출했다.

이미숙 에코페미니즘 연구센터 달과나무 연구위원. 영문학 박사. 몸꿈춤
공간 미류 대표를 역임하고 있다.

이안소영 에코페미니즘 연구센터 달과나무 연구위원. 여성환경연대 상
임대표. 내 일상이 다른 생명들과 아주 촘촘히 연결되어 있음
을 잊지 않으려 노력한다. 자급적 관점, 상호의존성, 커먼즈, 탈

성장 돌봄사회를 열쇠말 삼아 활동하고 있다. 함께 지은 책으로『꿈꾸는 지렁이들』『나의 페미니즘 레시피』『덜 소비하고 더 존재하라』『외모왜뭐』등이 있다.

이현재 에코페미니즘 연구센터 달과나무 연구위원. 서울시립대학교 도시인문학연구소 교수. 지은 책으로『여성의 정체성』이, 함께 지은 책으로『사랑 이후의 도시』가 있다.『인정 투쟁』『그따위 자본주의는 벌써 끝났다』등을 우리말로 옮겼다.

장우주 에코페미니즘 연구센터 달과나무 연구위원. 에코페미니스트 철학자. 여성, 자연, 가난과 배움에 관한 철학적 접근에 관심이 많으며 이와 관련된 일을 하고 있다. 함께 지은 책으로『기후위기, 전환의 길목에서』『덜 소비하고 더 존재하라』『전환의 질문, 질문의 전환』『전환의 정치, 열 개의 시선』, *Environmental Movements around the World: Shades of Green in Politics and Culture* 등이 있다.

정은아 기후활동가, 연구자. 정치학을 공부하고 한국여성단체연합과 에너지기후정책연구소에서 활동했다. 난잡한 돌봄과 퀴어, 에코페미니즘, 정의로운 전환과 기후정의에 관심이 많다.

홍자경 에코페미니즘 연구센터 달과나무 연구원. 연세대학교에서 문화인류학을 공부했다. 에코페미니즘이 가지는 실천적인 힘을 바탕으로 환경정의, 젠더정의, 종간정의 실현을 모색하는 일에 관심이 있다.

황선애 에코페미니즘 연구센터 달과나무 연구위원. 독문학 박사, 번역가. 성소수자부모모임 운영위원. 비온뒤무지개재단 이사를 역임하고 있다.

주

1부 기후위기시대 에코페미니즘

김현미

1 캐럴린 머천트 『인류세의 인문학: 기후변화 시대에서 지속가능성의 시대로』, 우석영 옮김, 동아시아 2022.

2 같은 책 28면.

3 김현미 「기후 위기와 생태적 슬픔(ecological grief): 수치와 희망의 세계」, 아시아 미 탐 험대 『재난과 감수성의 변화: 새로운 미 탐색』, 서해문집 2023, 242~271면.

4 Sarah McFarland Taylor, *Green sisters: A Spiritual ecology*, Harvard University Press 2009.

5 스테이시 얼라이모 『말, 살, 흙: 페미니즘과 환경정의』, 윤준·김종갑 옮김, 그린비 2018.

6 Sighard Neckel and Martina Hasenfratz, "Climate emotions and emotional climates: The emotional map of ecological crises and the blind spots on our sociological landscapes," *Social Science Information* 60권 2호, 2021, 253~271면.

7 Ashlee Cunsolo and Karen Landman, *Mourning Nature: Hope at the Heart of Ecological Loss and Grief*, Montreal & Kingston: McGill-Queen's University Press 2017. 기후감 정과 애도에 대한 글의 일부는 김현미, 위의 글에서 가져왔다.

8 김현미, 앞의 글.

9 Finn McLafferty Bell, Mary Kate Dennis, and Glory Brar, ""Doing Hope": Ecofeminist Spirituality Provides Emotional Sustenance to Confront the Climate Crisis," *Affilia: Journal of Women and Social Work* 37권 1호, 2021, 1-20면. (DOI: 10.1177/0886109920987242).

10 마리나 이바노브나 츠베타예바 「끝의 시」 『끝의 시』, 이종현 옮김, 읻다 2020, 223면.

11 마리아 미스·반다나 시바 『에코페미니즘』, 손덕수·이난아 옮김, 창비 2020.

12 장이정수 「한국판 뉴딜을 넘어 페미니스트 그린 뉴딜: 재난과 단절의 세상을 위한 해법」, 김은실 엮음 『코로나 시대의 페미니즘』, 휴머니스트 2020, 116면.

13 김현미 「코로나 시기의 '젠더 위기'와 생태주의 사회적 재생산의 미래」 『젠더와 문화』 13권 2호, 2020, 62~63면.

14 머천트, 앞의 책 141면.

15 Finn McLafferty Bell, Mary Kate Dennis, and Glory Brar, 앞의 글.

16 나오미 클라인 『이것이 모든 것을 바꾼다: 자본주의 대 기후』, 이순희 옮김, 열린책들 2016. 원서는 Naomi Klein, *This Changes Everything: Capitalism vs. The Climate*, New York: Simon & Schuster, 2014.

17 Sadegh Salehi, Zahra Pazuki Nejad, Hossein Mahmoudi and Andrea Knierim, "Gender, responsible citizenship and global climate change," *Women's Studies International Forum* 50권, 2015, 30-36면.

18 Finn McLafferty Bell, Mary Kate Dennis, and Glory Brar, 앞의 글.

박혜영

1 한나 아렌트 『인간의 조건』, 이진우·태정호 옮김, 한길사 2006, 56면.

2 김순남 「가족 제도를 교란하는 '난잡한 관계'들」 『황해문화』 119호, 2023, 40면.

3 Douglas Keay, "Margaret Thatcher: no such thing [as society]" *Women's Own Magazine*, 1987.9.23.

4 강상원 「영국정부에는 '외로움부'가 있다」 『한겨레21』, 2021.10.19. (https://h21.hani.co.kr/arti/world/world_general/51121.html).

5 정단비 「2021년 기준 1인가구 33.4퍼센트 돌파, 2050년 39.6퍼센트 전망...혼자 사는 이유? 본인직장 때문」 『데일리팝』, 2022.12.8. (https://www.dailypop.kr/news/articleView.html?idxno=64975).

6 그린피스 「코로나 기간 '일회용 플라스틱 폐기물', 역대 최대 규모로 증가」, 2023.3.22.

(https://www.greenpeace.org/korea/press/25876/보도자료-코로나-기간-일회용-플라스틱-폐기물-presslease-plastic-repo/).

7 레이 올든버그 『제3의 장소』, 김보영 옮김, 풀빛 2019, 418면.

8 박혜영 「코로나 시대의 새로운 타자구성과 접촉공간의 변모에 대한 생태적 성찰」『젠더와 문화』 제13권 2호, 계명대학교 영성학연구소 2020, 26면.

9 같은 책 51면.

10 같은 책 70면.

11 Ivan Illich, "The Cultivation of Conspiracy," An address given by Ivan Illich at the Villa Ichon in Bremen, Germany on March 14, 1998. (https://www.davidtinapple.com/illich/1998_Illich-Conspiracy.PDF).

12 마리아 미즈·베로니카 벤홀트-톰젠 『자급의 삶은 가능한가: 힐러리에게 암소를』, 꿈지모 옮김, 동연 2013, 23~24면.

13 같은 책 54면.

14 피터 라인보우 『마그나카르타 선언: 모두를 위한 자유권들과 커먼즈』, 정남영 옮김, 갈무리 2012.

15 같은 책 309면.

김은희

1 발전주의 도시화는 국가에 의해 주도된 도시의 성장과 발전이라는 한국의 근대적 도시화 과정을 개념화한 것이다. 급속한 도시의 발달이라는 시간적 압축과 정치적·경제적 중요도에 따라 이루어진 공간적 압축이라는 압축적 도시화가 이루어졌다.

2 아미타브 고시 『대혼란의 시대』, 김홍옥 옮김, 에코리브르 2021, 159면.

3 주디스 버틀러 『비폭력의 힘: 윤리학-정치학 잇기』, 김정아 옮김, 문학동네 2021, 65~67면.

4 기후시계는 세계 탄소배출량을 토대로 지구 평균기온이 산업혁명 이전 대비 1.5도씨 오르기까지 남은 시간을 직관적으로 알려준다. 한국에서는 2021년 대구광역시 동대구역 광장에, 2023년 9월 대전광역시 한밭수목원에 기후시계를 설치했다. 2015년 유엔기후변화협약 당사국총회에서 채택한 파리협정(Paris Agreement)은 지구 평균기온 상승을 2도씨보다 현저히 낮은 수준으로 유지하고, 산업화 전 수준 대비 상승을 1.5도씨로 제한하기 위해 노력하도록 했다.

5 티모시 모튼(Timothy Morton)은 오늘날 재난의 성격을 '초과물'(hyperobjects)이라

는 개념으로 포착한다. 초과물이란 광대한 시공간에 퍼져 있고, 그래서 인간의 지각으로는 실체를 파악할 수 없어 인식 자체를 초과하는 것이다. 인간은 초과물의 존재를 알지만 그것의 초과성은 이미 인간의 통제를 벗어난다. 인간은 기후변화 같은 초과물을 만들어내고 그 안에서 살아가지만, 그것을 온전히 인식하지도 제대로 통제하지도 못한다. Timothy Morton, *Hyperobjects: Philosophy and Ecology after the End of the World*, University of Minnesota Press 2013.

6 유엔환경계획은 사스, 메르스, 코로나19 등 감염병 팬데믹 상황의 원인 중 하나로 기후변화를 꼽는다.

7 Ariel Kay Salleh, "Deeper Than Deep Ecology: The Eco-Feminist Connection," *Environmental Ethics* 6권 4호, 1984, 339–345면.

8 Sharon Doubiago, "Deeper Than Deep Ecology: Men Must Become Feminists," *The New Catalyst Quarterly* 10권, 1987–88 겨울호, 10–11면.

9 Francoise d'Eaubonne, *Feminism or Death: How the Women's Movement Can Save the Planet* ed. and tr. Ruth Hottell, with a foreword by Carolyn Merchant, Verso 2022.

10 Carolyn Merchant, *The Death of Nature: Women, Ecology, and the Scientific Revolution*, Harper & Row 1980.

11 Carolyn Merchant, *The Anthropocene and the Humanities: From Climate Change to a New Age of Sustainability*, Yale University Press 2020. (한국어판 머천트, 앞의 책).

12 Herman E. Daly, "Sustainable development: from concept and theory to operational principles," *Population and Development Review*, Hoover Institution Conference 1989.

13 UNCED, "Women and Children First, Report of Symposium in Geneva 27–30 May 1991," United Nation Conference on Environment and Development 1991, 1면.

14 로지 브라이도티 외 『여성과 환경 그리고 지속가능한 개발: 이론적 종합을 지향하며』, 한국여성NGO위원회 여성과 환경분과 옮김, 나라사랑 1995.

15 김은희 「기후위기 시대의 돌봄민주주의: 대안적 정치체제와 탈성장 전환의 모색」 『여/성이론』 45호, 2021, 144~145면.

16 보다 자세한 내용은 김은희, 「경제성장과 성평등정책의 애매한 관계, 타고 넘기」 『여/성이론』 46호, 2022 참조.

17 Arturo Escobar, "Discourse and Power in Development: Michel Foucault and the Relevance of his Work to the Third World," *Alternatives: Global, Local, Political* 10권 3호, 1984, 377–400면.

18 Bengi Akbulut, "Degrowth, Rethinking Marxism," *A Journal of Economics, Culture & Society* 33권, 2021, 98-110면.

19 미스·시바, 앞의 책.

20 Ariel Kay Salleh ed., *Eco-Sufficiency & Global Justice: Women Write Political Ecology*, Pluto Press 2009.

21 안숙영「성장의 한계를 둘러싼 독일에서의 논의와 젠더적 함의: 마리아 미즈의 빙산 모델을 중심으로」『세계지역연구논총』 제39집 2호, 2021, 53~81면.

22 영화에서 인상적이었던 다른 장면이 있었다. 하쿠는 "내 진짜 이름은 '니기하야미 코 하쿠누시'야"라고 말한다. 하쿠는 원래 코하쿠 강의 신이었지만, 아파트 개발로 강이 메워져 갈 곳을 잃고 유바바의 제자가 되어 본명을 빼앗긴 채 '하쿠'로 살고 있던 것 이었다. 이 대목에서 문득 어린 시절 그 복개천의 이름 봉천천이 떠올랐다. 나도 존재 의 이름을 기억하고 있음에 다행이라고 생각하면서 웃음이 나기도 했다.

23 로지 브라이도티 외, 앞의 책 265면.

24 Donna Haraway, *Simians, Cyborgs and Women: The Re-invention of Nature*, Free Association Books 1991. 트릭스터는 원시 민족 신화에 나타난 장난·주술 등으로, 질 서를 문란케 하는 신화적 형상을 말한다.

25 임소연『신비롭지 않은 여자들』, 민음사 2022, 20면.

26 Christelle Terreblanche, "Ecofeminism," eds. Ashish Kothari, Ariel Salleh, Arturo Escobar, Federico Demaria, and Alberto Acosta, *Pluriverse: A Post-Development Dictionary*, Tulika Books 2019, 163-165면.

27 Greta Gaard, ed., *Ecofeminism: Women, Animals, Nature*, Temple University Press 1993.

28 Corinna Dengler and Lisa M. Seebacher, "What About the Global South? Towards a Feminist Decolonial Degrowth Approach," *Ecological Economics* 157권, 2019, 246 – 252면. (https://doi.org/10.1016/j.ecolecon.2018.11.019).

29 FaDA Writing Collective, "Why are feminist perspectives, analyses, and actions vital to degrowth?" *Degrowth Journal* 1권, 2023. (https://www.degrowthjournal.org/ publications/2023-05-03-why-are-feminist-perspectives-analyses-and-actions- vital-to-degrowth/).

30 Susan Paulson, "Pluriversal Learning: Pathways towards a World of Many Worlds," *Nordia Geographical Publications* 47권 5호, 2019, 85 – 109면. (https://nordia.journal.fi/ article/view/79937).

정은아

1 여형범·차정우 「정의로운 전환을 위한 스무가지 목소리」, 충남연구원 2021.

2 이정일 「갈등관리기제로서의 민주적 로컬거버넌스 구축 방안 연구」, 충남대학교 석사 학위논문 2014; 최병학·신기원·이준건·이준석·전오진 「행위주체별 갈등유형 및 갈등대응인식에 관한 조사연구」 『한국갈등관리연구』 1권 1호, 2014, 3~32면.

3 한재각·정은아 「탈석탄 예정지역의 이해관계자 분석과 사회적 대화 방안 모색: 당진, 태안, 보령을 중심으로」, (사)정의로운 전환을 위한 에너지기후정책연구소 2020.

4 1위부터 10위까지 순서대로 포스코, 한국남동발전, 한국남부발전, 한국서부발전, 한국중부발전, 한국동서발전, 현대제철, 삼성전자, 쌍용이앤이 순이다. 발전5사를 제외한 10위권에는 S-Oil, 엘지화학, 지에스칼텍스, 현대오일뱅크, 롯데케미칼이 추가로 들어간다. 국가온실가스종합관리시스템(NGMS) 「2021년도 명세서 배출량 통계 업체별 배출량 주요정보」, 2022.12.21. (https://ngms.gir.go.kr/link.do?menuNo=30100201&link=/cm/bbs/selectBoardList.do퍼센트3FbbsType퍼센트3D2).

5 "Data Explorer," *Climate Watch*. (https://www.climatewatchdata.org/data-explorer/historical-emissions?historical-emissions-data-sources=climate-watch&historical-emissions-end_year=2020&historical-emissions-gases=all-ghg&historical-emissions-regions=All%20Selected&historical-emissions-sectors=total-including-lucf%2Ctotal-including-lucf&historical-emissions-start_year=1990&page=1). 최종검색일 2023.11.9.

6 기후위기 대응을 위한 탄소중립·녹색성장 기본법 제2조 제13항.

7 김현우 「'정의로운 전환'의 전환」 『황해문화』 2022, 38~53면; 홍덕화 「기후불평등에서 체제 전환으로: 기후정의 담론의 확장과 전환 담론의 급진화」 『환경사회학연구』 24권 1호, 2020, 7~50면.

8 국가인권위원회 「석탄화력발전산업 노동인권 실태조사」 2019, 152~154면.

9 구준모, 앞의 책.

10 김현우, 앞의 책; 김현우 「정의로운 전환」, 나름북스 2014.

11 구준모·전주희·이제훈·임용현 「석탄화력발전소 폐쇄에 따른 비정규직 노동자의 고용안정방안 연구」, 사회공공연구원 연구보고서 2022.

12 허은 「'부유한 노동자 도시'의 여성-울산과 창원 여성 일자리의 실태와 특성-」 『지역

사회연구』 28권 3호, 2020, 87~113면.

13 Isabell Braunger and Paula Walk, "Power in Transitions: Gendered Power Asymmetries in the United Kingdom and the United States Coal Transitions," *Energy Research & Social Science* 87권, 2022.

14 Anderson and Fisher, 앞의 글.

15 정은아·정보영, 「정의로운 전환의 젠더화」 『한국의 정의로운 전환: 현황, 전략 그리고 과제』, 정의로운전환연구단 2022, 207~239면.

16 구준모 외, 앞의 글.

17 Braunger and Walk, 앞의 글.

18 Paula Walk, Isabell Braunger, Josephine Semb, Carolin Brodtmann, Pao-Yu Oei, and Claudia Kemfert, "Strengthening Gender Justice in a Just Transition: A Research Agenda Based on a Systematic Map of Gender in Coal Transitions," *Energies* 14권 18호, 2021, 59~85면.

19 저탄소경제에서 가장 빠르게 일자리가 늘어나는 산업인 재생에너지 분야는 화석연료 분야보다 여성 비율이 약 10퍼센트 더 높지만, 여전히 남성 비율이 약 70퍼센트에 달한다. 또한 화석연료 분야에서 비공식노동을 하는 여성들은 재생에너지로의 전환과정에서 공식노동을 하는 정규직 노동자만큼의 교육·지원·보조·인정을 얻지 못하고 탈락할 염려가 있다. 한편 남반구에서는 재생에너지 분야 여성 창업을 지원하는 개발협력사업이 이루어지고 있지만, 창업 후 생존은 여성 개인에게 달렸다. 여성이 새로운 사회경제로 성공적으로 이동할 수 있는지의 여부는 기존의 주도적인 성별 규범에 달렸다. 기금·직업 훈련·창업 교육은 확산되어야 하지만 그것만으로는 부족하다. 근본적으로는 잘못된 구조변화를 바꿔내는 젠더-변혁적 체제 전환(gender transformative system change)이 필요하다.

20 김은희, 앞의 글.

26 제이슨 히켈 『적을수록 풍요롭다』, 김현우·민정희 옮김, 창비 2021.

2부 흙과 자급의 기쁨

나희덕

1 이광석 「'인류세' 논의를 둘러싼 쟁점과 테크노: 생태학적 전망」 『문화과학』 2019년 봄

호, 28면.

2 데이비드 몽고메리 『흙』, 이수영 옮김, 삼천리 2010, 12면.

3 같은 책 39면.

4 같은 책 346면.

5 정현종 『정현종 시전집』 2, 문학과지성사 1999.

6 같은 책.

7 김종철 「인간, 흙, 상상력」 『시적 인간과 생태적 인간』, 삼인 2018, 97면.

8 같은 책 7면.

9 나희덕 「뿌리에게」 『뿌리에게』, 창작과비평사 1991.

10 나희덕 「뿌리로부터」 『말들이 돌아오는 시간』, 문학과지성사 2014, 10면.

11 나희덕 「플라스틱 산호초」 『시와편견』 2022년 여름호.

김신효정

1 김효정 「인도네시아와 한국 여성농민의 대안농업운동을 통해 본 '생태시민되기'에 관한 연구」, 이화여자대학교 박사학위논문 2022.

2 미스·시바, 앞의 책.

3 미즈·벤홀트-톰젠, 앞의 책.

4 박신규·정은정 「여성농민의 사회적 정체성 형성과 여성농민운동의 발전」 『농촌사회』 20권 1호, 2010, 89~129면.

5 김효정, 앞의 글.

6 김효정 「여성농민운동의 생태적 전환과 다종 간 관계성의 변화」 『한국여성학』 39권 2호, 2023, 141~169면.

7 김신효정 「여성농민의 손에서 손으로: 농생태학의 이해와 여성농민 실천사례 분석 보고서」, 전국여성농민회총연합 2016.

8 김효정 「기후위기의 페미니즘 정치학과 생태시민되기」 『문화연구』 11권 2호, 2023.

9 김신효정, 앞의 글.

10 미스·시바, 앞의 책.

11 Val Plumwood, "Has democracy failed ecology? An Ecofeminist perspective," *Environmental Politics* 4권 4호, 1995, 134~168면.

12 Rosi Braidotti, *Metamorphoses: Towards a Materialist Theory of Becoming*, Polity 2002.

13 김효정, 「여성농민운동의 생태적 전환과 다종 간 관계성의 변화」.

14 김효정, 「인도네시아와 한국 여성농민의 대안농업운동을 통해 본 '생태시민되기'에 관한 연구」.

김혜련

1 미즈·벤홀트-톰젠, 앞의 책 26면.
2 같은 책 27면.
3 같은 책 30면.
4 미스·시바, 앞의 책 367면.
5 같은 책 418면.
6 같은 책 381면.

강지연

1 레이첼 카슨 『침묵의 봄』, 김은령 옮김, 에코리브르 1962, 325면.
2 IPBES는 UN 산하 생물다양성 및 생태계 서비스에 관한 정부 간 과학·정책 플랫폼 Intergovernmental Science-policy Platform on Biodiversity and Ecosystem Services를 이른다.
3 WWF·ZSL 「지구생명보고서 2020 요약본」, WWF-Korea 2020, 6~21면.
4 올리버 밀먼 『인섹타겟돈』, 황선영 옮김, 블랙피쉬 2022, 17면.
5 최경호·김정석 「꿀벌 실종에 '성주 참외 살려~···올해만 100억어치 꿀벌 샀다」 『중앙일보』, 2023.5.9.
6 ETC-RUAF, "Women Feeding Cities: Gender Mainstreaming in Urban Food Production & Food Security," RUAF Resource Centres on Urban Agricultural and Food Security 2004, 6면.
7 Alice Hovorka and Diana Lee Smith, "Gendering the Urban Agriculture Agenda," *Cities Farming for the Future*: Urban Agriculture for Green and Productive Cities, IRDC and RUAF 2006, 129-130면.
8 같은 면.
9 Michael Torterello, "Mother Nature's Daughters," *The New York Times*, 2014.8.27.
10 강지연 「여성 중심 도시농업의 공동체경제와 지역돌봄」 『농촌사회』 제31집 2호, 2021, 67면. 도시농업 활동가의 70퍼센트가 여성이라는 서술은 해당 연구에서 진행한 인터뷰 조사 결과에 의거한다.

3부 몸의 안팎을 통과하기

유서연

1 하이데거에 따르면 본질(essentia)의 다른 이름이며, 아리스토텔레스가 실체라고 불렀던 '우시아'(ousia)가 "철학적, 이론적 용어로서 확고한 의미를 이미 지니고 있던 아리스토텔레스 시대까지만 해도 소유물, 소유상태, 재력을 동시에 지칭하고 있었"으며, 그것은 집과 마당과 같은 부동산처럼 눈앞의 대상으로서 "마음대로 다룰 수 있는 재산, 소유물이 단적으로 존재하는 것"을 의미했다(마르틴 하이데거 『현상학의 근본문제들』, 이기상 옮김, 문예출판사 1994, 162면). 하이데거는 이러한 우시아를 현전(Anwesen)으로 번역할 것을 권장하며, 우시아를 실체(Substance)로 번역하는 것은 우시아의 근본 의미를 상실하는 것이라고 주장한다(마르틴 하이데거 『형이상학 입문』, 박휘근 옮김, 문예출판사 1994, 103면 참조).

2 자크 데리다(Jacques Derrida)는 이러한 하이데거의 '현전'에 대한 비판을 이어받아, 서양 전통철학을 '현전의 형이상학'이라고 규정한다.

3 마르틴 하이데거 『기술과 전향』, 이기상 옮김, 서광사 1993, 39면.

4 같은 책 53면.

5 같은 책 57면.

6 1903년 2월 런던대학교 의과대학 교수 윌리엄 베일리스(Wiliam Bayliss)는 학생 예순 명 앞에서 갈색 테리어 강아지를 대상으로 생체실험을 하고 있었다. 이때 스웨덴 출신의 여성주의 운동가들이 이 생체실험이 불법이라고 주장하며 강의실에 난입했다. 베일리스는 개가 충분히 마취되어 있었다고 주장했지만, 여성주의 운동가들은 개가 의식이 있는 상태에서 저항했다고 주장했다. 영국의 전국반생체실험협회는 이 생체실험이 잔인하고 적법하지 않은 것이었다고 주장했고, 1906년 배터씨 공원에 갈색 개를 추모하는 동상을 세웠다. 여러 충돌 끝에 1910년 3월 지역의회는 동상을 철거하기로 결정했고, 2만 건이 넘는 청원에도 불구하고 동상을 대장간에 보내 녹였다. 70여년이 지난 1985년 생체실험 반대론자들이 배터씨 공원에 새로운 갈색 개 동상을 설립했다. 이상 내용은 「갈색 개 사건」 『위키백과』 참조. (https://ko.wikipedia.org/wiki/갈색_개_사건) 최종 검색일 2022.8.10.

7 Josephine Donovan, "Animal Rights and Feminist Theory," Greta Gaard ed., 앞의 책, 179면.

8 이소진『시간을 빼앗긴 여자들』, 갈라파고스 2021, 149면.

9 한승태『고기로 태어나서』, 시대의 창 2021, 165면.

10 올리버 색스『의식의 강』, 양병찬 옮김, 알마 2020, 44~45면.

11 다우어 드라이스마『나이 들수록 왜 시간은 빨리 흐르는가』, 김승욱 옮김, 에코리브르 2005, 305면.

12 같은 책 309~310면.

13 미즈·벤홀트-톰젠, 앞의 책 75면.

14 실비아 페데리치『혁명의 영점』, 황성원 옮김, 갈무리 2020, 17면.

이안소영

1 여성환경연대의 용어에 따라 이 글에서는 '생리'라는 용어 대신 '월경'을 사용한다. 다만 오랫동안 굳어진 제품명인 '일회용 생리대'는 그대로 사용한다.

2 이 연구결과에서 일회용 생리대 사용자는 면생리대 사용자에 비해 생리통 발생 위험이 높았고, 생리컵 사용자에 비해서는 모든 생리 관련 증상의 발생 위험이 높은 것으로 나타났다. 2017년 여성 환경연대 검출실험 결과에서도 일회용 생리대에 약 이백여종의 화학물질이 포함되어 있고, 그중 12종은 암이나 생식독성, 피부 알레르기를 일으키는 물질로 밝혀졌다.

3 김종영·김희윤「반올림 운동과 노동자 건강의 정치경제학」『경제와사회』109호, 2016, 113~152면.

4 일회용 생리대에서 방출된 벤젠·스타이렌·톨루엔이라는 휘발성유기화합물은 우리 몸과 상호교환하고 상호작용한다. 여성의 몸에서 생식기관과 질 주변 조직은 각질화되지 않은 점조직으로, 소화기관이나 일반적인 피부보다 독성물질 흡수율이 높다고 한다. 합성화학물질이 몸에 들어가 인공 에스트로겐 흉내를 내며 생체신호를 예측할 수 없게 바꾸면, 여성의 몸은 원인불명의 극심한 생리통과 통제할 수 없는 생리량, 자궁내막증과 다낭성난소증후군의 증가, 유방암과 자궁암의 급증을 겪게 된다.

5 Emily Hunter, Kirstin Palovick, Mintesnot T Teni, and Anne Sebert Kuhlmann, "COVID-19 made it harder to access period products: The effects of a pandemic on period poverty," *Frontiers in Reproductive Health*, 2022, 4면. (doi: 10.3389/frph.2022.1003040).

6 A.E. Kings, "Intersectionality and the Changing Face of Ecofeminism," *Ethics and the Environment* 22권 1호, Indiana University Press 2017, 63-87면. (https://www.jstor.org/

stable/10.2979/ethicsenviro.22.1.04).

7 Alexandra Scranton et. al., "EXPOSED: Ingredients in Salon Products & Salon Worker Health and Safety: An analysis of chemicals of concern in professional hair and nail salon products, and manufacturer compliance with California cosmetic ingredient disclosure laws," WVE 2023, 1-33면. (https://womensvoices.org/exposed-ingredients-in-salon-products-salon-worker-health-and-safety/).

8 여성환경연대「건강한 네일을 부탁해: 생활밀착형 사업장(네일숍) 유해화학물질 저감 개선 방안 제시 보고서」, 2017, 70~73면.

9 Stacy Alaimo, "Thinking as the Stuff of the World," *Journal of Object-Oriented Studies* 1호, 2014, 13-21면. (https://rc.library.uta.edu/uta-ir/bitstream/handle/10106/26234/02_Alaimo_Thinking+as+Stuff_OZone_Vol1.pdf?sequence=1).

10 일반적으로 여성의 월경기간을 35~40년으로 추정하는데, 개인차를 고려하여 보수적인 수치로 37년을 기준으로 산정했다. 참고로, 한국보건사회연구원의 2022년 정책 보고서에 따르면 월경 중인 응답자의 94.2퍼센트가 13세부터 50세 미만이라 답했고, 그중 50세 이상은 5.8퍼센트였다. 송은솔·박은자·최승아·박주현·송보미·한경희·박현영「한국 여성의 월경·폐경 관리: 2022년 한국 여성의 생애주기별 성·생식건강조사 결과」『주간 건강과 질병』 16권 25호, 2023, 783~800면. (https://accesson.kisti.re.kr/main/search/articleDetail.do?artiId=ATN0044036810).

11 WEN "Environmenstrual Factsheet 2021," 1-11면. (https://www.wen.org.uk/wp-content/uploads/Environmenstrual-Factsheet-2021.pdf).

12 변우찬「북극해, 더 이상 플라스틱 청정지역 아니다」『데일리한국』 2023.7.6. (https://daily.hankooki.com/news/articleView.html?idxno=975690).

13 김민정「"기후 변화와 플라스틱 오염은 서로 밀접하게 연결"…동시 해결책 찾아야」『ESG경제』 2021.12.9. (https://www.esgeconomy.com/news/articleView.html?idxno=1646).

14 김상민·김성윤「물질의 귀환: 인류세 담론의 철학적 기초로서의 신유물론」『문화과학』 97호, 2019, 55~80면.

15 Alaimo, 앞의 글 13-21면.

16 얼라이모, 앞의 책 382면.

17 심귀연「기후위기 시대의 페미니즘과 신유물론」『여/성이론』 47권, 2019, 71~87면.

황선애

1 Greta Gaard, *Critical Ecofeminism*, Lexington Books 2017.

2 Greta Gaard, "Toward a Queer Ecofeminism," *Hypatia* 12권 1호, 1997, 137~155면.

3 조안 러프가든 『진화의 무지개』, 노태복 옮김, 뿌리와이파리 2010.

4 Greta Gaard, Preface to *Queer Ecologies: Sex, Nature, Politics, Desire* eds. Catriona Mortimer-Sandilands and Bruce Erickson, Indiana University Press 2010, 1~47면.

5 조효제, 앞의 책 304~305면.

6 김환석 외 『21세기 사상의 최전선』, 이성과감성 2020, 199~209면.

7 Susan Stryker, Foreword to *Transecology. Transgender Perspectives on Environment and Nature* ed. Douglas A. Vakoch, Routledge 2020, xvi~xxv면.

8 수전 팔루디 『다크룸』, 손희정 옮김, 아르테 2020, 248면.

9 Beth Stephens and Annie Sprinkle, "Goodbye Gauley Mountain," 2013. (https://goodbyegauleymountain.ucsc.edu/).

이미숙

1 아마존(A-mazon)은 '유방이(mazon) 없는(a)'이라는 뜻이다. 가모장제였던 아마존 부족은 여성들로 구성되었고, 남성 부족들의 침략에 대항하기 위해 늘 전투력을 연마하는 전사들이었다. 신분에 따라 무기가 나뉘는데 신분이 높은 아마존은 활을 주 무기로 쓰며 화살을 쏘기 위해 오른쪽 가슴을 자르고, 신분이 낮은 아마존은 단검을 쓰고 방패를 들기 위해 왼쪽 가슴을 잘랐다고 한다. 이 문화에서 아마존이라는 명칭이 유래했다. 멜빌은 그의 세번째 책 『마디』에서 남녀평등을 주장하는 호전적인 여성 등장인물 애나투(Annatoo)를 아마존의 마지막 여왕 펜테실레이아(Penthesilea)에 비유했다.

2 필자는 이일라(Yillah)의 이름을 이슬람의 신 알라(Allah)와 연관지어 분석했다. Allah는 정관사 알(Al(=the))과 일라(ilah(=God))를 합한 것으로, 이 여성의 이름에 여신의 의미를 내포한 것으로 해석했다.

3 마라 린 켈러 「엘레우시스인들의 신화: 데메테르와 페르세포네의 고대 자연 종교」 『다시 꾸며보는 세상: 생태 여성주의의 대두』, 정현경·황혜숙 옮김, 이화여자대학교 출판부 1996, 94면.

4 Audre Lorde *The Cancer Journals*, Penguin Books 2020, 17면.

5 같은 책 13면.

6 같은 책 33~34면.

7 같은 책 54면.

4부 인간과 비인간의 얽힘

장우주

1 Joan Tronto, "What can Feminist learn about Morality from caring?" ed. James Sterba, *Ethics: The Big Questions*, Blackwell Publishers 1988, 347면.

2 Chris Cuomo, *Feminism and Ecological communities: an ethics of flourishing*, London and New York: Routlege 1988, 129면.

3 Carol Gilligan and Jane Attanucci, "Two Moral Orientation," eds. Carol Gilligan, Janie Victoria Ward, and Taylor Jill McLean, *Mappng the Moral Domain*, Massachusetts: Harvard University Press 1988, 74면.

4 Val Plumwood, *Feminism and the Mastery of Nature*, London and New York: Routledge 1993, 188–189면.

5 Sherilyn MacGregor, *Beyond Mothering Earth: Ecological Citizenship and the Politics of Care*, Vancouver, UBC: University of British Columbia Press 2006, 59–65면

6 Nel Noddings, *Caring: A Femine Approach to Ethics & Moral Education*, Berkeley Los Angeles and London: Univeristy of California Press 1984.

7 Alison Jagger, "Caring as a Feminist Practice of Moral Reason," ed. Virginia Held, *Justice and Care: Essential Readings in Feminist Ethics*, Westview Press 1995, 195면.

8 Deane Curtin, "Ecological Feminism and the Place of Caring," *Chinnagounder's Challenge: The Question of Ecological Citizenship*, Bloomington and Indianapolis: Indiana University Press 1999, 142면.

9 같은 글 144면.

10 Ariel Salleh, *Ecofeminism as Politics: Nature, Marxism and the Postmodern*, Zed Books 1997, 161면.

11 MacGregor, 같은 책 68면.

12 발 플럼우드 『악어의 눈: 포식자에서 먹이로의 전략』, 김지은 옮김, yeondoo 2023, 52~53면.

13 인디고 서원 엮음 『크리스 조던: 아름다운의 눈을 통해 절망의 바다 그 너머로』, 인디

고 서원 2019, 102면.

14 도나 해러웨이 『트러블과 함께하기: 자식이 아니라 친척을 만들자』, 최유미 옮김, 마
농지 2021, 60~61면.

15 더 케어 컬렉티브 『돌봄선언: 상호의존의 정치학』, 정소영 옮김, 니케북스 2021.

16 María Puig de la Bellacasa, *Matters of Care: Speculative Ethics in More Than Human
Worlds*, Minneapolis:University of Minnesota Press 2017, 112-122면.

이현재

1 해러웨이, 앞의 책 21~22면.

2 같은 책 177면.

3 Sue Donaldson and Will Kymlicka, *Zoopolis: A Political Theory of Animal Rights*, New
York: Oxford Universtiy Press 2014.

4 전의령 「"길냥이를 부탁해": 포스트휴먼 공동체의 생정치」 『한국문화인류학』 50권
3호, 2017, 10면.

홍자경

1 Anna Lowenhaupt Tsing *The Mushroom at the End of the World: On the Possibility of
Life in Capitalist Ruins*, Princeton University Press 2015.

2 강한들 「날개 꺾는 '죽음의 유리창'…반복된 고통을 기록한다」 『경향신문』 2021.11.17.
(https://www.khan.co.kr/people/people-general/article/202111172134005?www).

3 네이처링 「야생조류 유리창 충돌 조사」 미션 참조, 2018.7.12. (https://www.naturing.
net/m/2137/summary) 최종 검색일 2023.10.30.

4 김윤전 「야생조류 유리창 충돌」 생명다양성재단 뿌리와 새싹 실천생태학 교육 6 온라
인 강연 내용 참고, 2021.11.25.

5 환경부 「야생조류 투명창 충돌 저감 가이드라인」, 2019, 2면.

6 해러웨이, 앞의 책 23면.

7 김영준 「밤새 400마리 새 떼죽음…이 빌딩에서 무슨 일이?」 『오마이뉴스』 2022.8.25.
(https://www.ohmynews.com/NWS_Web/Series/series_premium_pg.aspx?CNTN_
CD=A0002859637).

8 프리초프 카프라·우고 마테이 『최후의 전환: 지속 가능한 미래를 위한 커먼즈와 생태
법』, 박태현·김영준 옮김, 경희대학교 출판문화원 2019.

9 박인권·김진언·신지연 「도시 커먼즈 관리의 내재적 모순과 도전들: '경의선공유지' 사례를 중심으로」『공간과사회』 29권 3호, 2019, 64면.

10 같은 글 68면.

우리는 지구를 떠나지 않는다
죽어가는 행성에서 에코페미니스트로 살기

초판 1쇄 발행 / 2023년 11월 17일

지은이 / 에코페미니즘 연구센터 달과나무 지음
펴낸이 / 염종선
책임편집 / 이수빈
조판 / 신혜원
펴낸곳 / (주)창비
등록 / 1986년 8월 5일 제85호
주소 / 10881 경기도 파주시 회동길 184
전화 / 031-955-3333
팩시밀리 / 영업 031-955-3399 편집 031-955-3400
홈페이지 / www.changbi.com
전자우편 / human@changbi.com

ⓒ 에코페미니즘 연구센터 달과나무 지음 2023
ISBN 978-89-364-8700-3 03330

* 이 책 내용의 전부 또는 일부를 재사용하려면
  반드시 저작권자와 창비 양측의 동의를 받아야 합니다.
* 책값은 뒤표지에 표시되어 있습니다.